DES INTÉRÊTS

EN DROIT ROMAIN ET EN DROIT FRANÇAIS

THÈSE POUR LE DOCTORAT

PAR

François-Siméon TURREL

AVOCAT A LA COUR D'APPEL DE PARIS

PARIS

IMPRIMERIE WALDER

RUE DE L'ABBAYE, 22

1875

DES INTÉRÊTS

EN DROIT ROMAIN ET EN DROIT FRANÇAIS

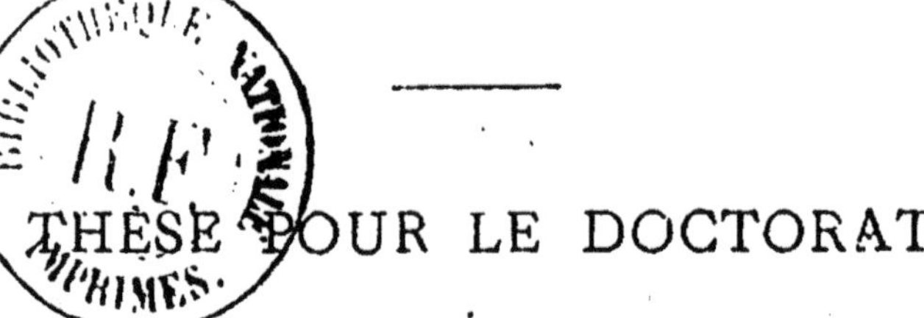

THÈSE POUR LE DOCTORAT

PAR

François-Siméon TURREL

AVOCAT A LA COUR D'APPEL DE PARIS

PARIS

IMPRIMERIE WALDER

RUE DE L'ABBAYE, 22

1875

A MON PÈRE

—

A MES AMIS

DES INTÉRÊTS

EN DROIT ROMAIN & EN DROIT FRANÇAIS

INTRODUCTION GÉNÉRALE

La question de l'intérêt de l'argent est une de celles qui ont le privilége d'intéresser la société tout entière par les nombreuses applications auxquelles elles donnent naissance. Car elle n'est pas renfermée exclusivement dans le domaine du droit; mais elle étend ses ramifications dans plusieurs des sciences qui sont l'objet des études humaines; elle attire sur elle l'attention des penseurs de tous les temps et de tous les pays, et elle appelle leurs méditations. Aussi, que de controverses elle a soulevées! que d'attaques passionnées toujours, violentes souvent, de la part de ses adversaires! mais aussi que de ripostes vigoureuses, quelle défense chaleureuse du côté de ses partisans! C'est ainsi qu'elle communique à la science du droit la vie et le mouvement; et la faisant sortir du cadre des études purement spéculatives, elle la place dans le domaine des faits et de la pratique

Aussi peut-on dire que la question de l'intérêt de l'argent a été posée dès le jour où l'homme a commencé de vivre en société et que, se perpétuant à travers les âges, elle est parvenue jusqu'à nous, sans avoir encore reçu une solution définitive. De tou temps, en effet, et chez toutes les nations, nous voyons les philosophes et les législateurs se préoccuper de cette grande question. Depuis Moïse jusqu'au législateur de 1807, elle n'a cessé de faire l'objet de l'étude des esprits les plus éminents ; et, de nos jours, les économistes les plus distingués la discutent et l'approfondissent encore.

C'est elle qui trouble Rome dès son berceau ; c'est elle qui soulève les plébéiens contre les exigences immodérées et les rigueurs excessives des patriciens envers leurs débiteurs malheureux ; c'est elle encore qui, de nos jours, a donné à l'école socialiste le fondement de ses attaques contre la propriété et le capital. On le voit, cette question, si ancienne et si nouvelle à la fois, si débattue et si discutée encore, n'est pas une pure abstraction ; sa solution ardemment désirée comptera bientôt, il faut l'espérer, au nombre des conquêtes d'une science née d'hier et dont chaque pas a été un progrès vers la civilisation et le bien-être du genre humain, l'économie politique.

Loin de moi la pensée de la résoudre ; ce n'est pas là d'ailleurs le but de ce travail. Je n'ai ici pour objet direct et principal que l'étude des lois qui régissent l'intérêt de l'argent. Mais il m'a semblé que je ne pouvais passer sous silence les grands problèmes sociaux que soulève ce sujet sans en dire quelques mots ; j'ai cru utile aussi, avant d'entrer en matière, d'esquisser rapidement les phases diverses qu'il a traversées depuis les temps les plus reculés jusqu'à nos jours. C'est ce que je vais faire, avant d'aborder les textes, en examinant sommairement le côté philosophique et le côté historique de la question.

ÉTUDES PHILOSOPHIQUES

—

Problèmes que soulève la question de l'intérêt de l'argent.

La question de l'intérêt de l'argent a donné naissance aux problèmes les plus importants que l'économie politique s'est donné la tâche de résoudre. Lorsque leur solution sera enfin connue, lorsque toute controverse aura définitivement cessé et que les partisans de l'intérêt de l'argent, ainsi que ses détracteurs, auront perdu tout prétexte de division, alors le législateur, s'inspirant des doctrines des économistes et s'appuyant sur des bases certaines, pourra édicter sur cette grave question une loi plus conforme à la liberté des transactions et plus en harmonie avec les nouveaux besoins sociaux créés par l'importance et les progrès toujours croissants de la propriété mobilière, que la loi qui nous régit aujourd'hui.

Il serait trop long d'énumérer et de discuter ici tous ces problèmes ; ce n'est pas d'ailleurs leur place, et le cadre restreint de ce travail me l'interdit. Mais il convient de citer les principaux et d'analyser succinctement les solutions qui ont été données à chacun d'eux. Je me bornerai donc aux questions suivantes :

Qu'est-ce qu'un capital, et quels produits peut-on en tirer ?

Légitimité de l'intérêt ; objections faites contre cette légitimité.

Fixation du taux de l'intérêt.

Que faut-il décider dans le cas où des intérêts sont dus sans convention ?

QU'EST-CE QU'UN CAPITAL ET QUELS PRODUITS PEUT-ON EN TIRER

I

NOTION DU CAPITAL.

Les définitions du capital sont innombrables et l'on n'a que l'embarras du choix. Tous les publicistes, tous les économistes en ont donné une et ils sont loin d'être d'accord entre eux. Cette diversité d'opinions s'explique parfaitement par la nature même du capital. Le capital, en effet, est quelque chose de complexe, d'un côté élément de production, de l'autre agent du travail; sans le capital, la production est impossible, mais aussi, sans le travail, le capital est chose inerte. Pour mériter vraiment ce nom, il doit donc se manifester par des résultats positifs et visibles. Aussi, je ne comprendrai pas sous la dénomination de capital ce que quelques écrivains ont appelé des *capitaux morts*, tels que des trésors enfouis.

Selon cette idée, il faudrait appeler capital toute valeur *applicable* à l'industrie et à la production. Cette définition me semble beaucoup trop large, et je dirai, au contraire, en la restreignant, que le capital, c'est toute valeur *appliquée* à la production. Le mot *capital* vient du mot latin *capita*, doù on a fait *cheptel*. Dans le langage du monde et d'après les idées vulgaires, le type, le symbole le plus complet du capital, c'est l'argent ou la monnaie. Mais rien n'est plus faux que cette croyance générale. Le mot capital doit être pris dans l'acception la plus large, dans le sens que l'économie politique lui donne lorsqu'elle s'en sert pour signifier toute valeur, quelle qu'elle soit, employée à la production.

On peut donc définir le capital : Une certaine quantité de produits épargnée et appliquée à la production d'une manière quelconque. » Ainsi, toute valeur, quelle qu'en soit la nature, meuble ou immeuble, fixe ou destinée à passer de main en main et qui offrira ces caractères, sera un capital.

On a distingué plusieurs sortes de capitaux. Une des distinctions les plus usuelles est celle qui les divise en *fixes* et *circulants*, distinction bien ancienne déjà, puisque le docteur Quesnay l'avait faite, mais sous d'autres noms ; il appelait en effet *dépenses primitives* ce que nous appelons capital fixe, et *dépenses annuelles* ce que nous appelons capital circulant. Le capital fixe est celui qui dure plus ou moins longtemps, qui sert à la production pendant une période de temps plus ou moins longue ; telles sont les machines qu'un industriel fait placer dans son usine. Le capital circulant, au contraire, est celui qui sert aux dépenses, qu'il faut renouveler à chaque acte de production, comme l'achat de matières premières, le salaire des ouvriers.

On divise encore les capitaux en capitaux de *production* et capitaux de *consommation*. Les premiers, comme leur nom l'indique, sont appliqués à produire, à fabriquer des objets nouveaux ; les seconds sont ceux qui donnent satisfaction à certains goûts ou à certains besoins, tels que le goût du luxe, les besoins quotidiens de la vie. Ces derniers ne produisent guère ; cependant, en économie politique, on appelle *productif* tout ce qui sert à satisfaire nos besoins.

Mais je ne comprendrai pas dans le capital ce qu'on désigne sous le nom de *capitaux morts*, tel qu'un trésor enfoui, ainsi que je l'ai déjà dit ; je n'y comprendrai pas non plus cette portion de la richesse sociale, fort importante sans doute, sous plusieurs rapports, mais qui n'est pas destinée à la production d'une manière constante et par sa nature même : je veux parler de toutes ces choses qui procurent une satisfaction morale, plus que matérielle, qui s'adressent à l'esprit, en un mot qui ont une valeur artistique bien plus qu'une valeur commerciale, telles que les œuvres d'art qui embellissent les galeries privées ou les musées publics, les livres qui ornent les rayons d'une bibliothèque, les meubles précieux qui décorent un salon. Tous ces objets sont essentiellement improductifs et ils ne deviennent capital que le jour où l'on songe à les transformer en argent pour les faire rentrer dans le commerce auquel on les avait dérobés pour un temps.

Ainsi donc, tout capital fixe ou circulant, meuble ou immeuble, monnaie ou non, est productif. Ces explications indiquent suffisamment que l'argent n'est qu'une partie du capital et que tout capital n'est pas monnaie; elles établissent en même temps que toute monnaie n'est pas capital, mais seulement cette portion de la monnaie qui est destinée à la reproduction.

II

PRODUITS QU'ON PEUT TIRER D'UN CAPITAL.

On vient de voir que tout capital est productif; il s'agit maintenant de rechercher les produits qu'on en peut tirer.

Les produits que le capital est susceptible de procurer peuvent se réduire à deux principaux, que l'on désigne habituellement sous le nom de *loyers* et d'*intérêts*. On applique plus spécialement la première de ces expressions aux produits du capital fixe, comme ceux que le propriétaire d'un immeuble acquiert en le louant; la seconde, à ceux du capital circulant. Et ici se trouve le germe de la grande querelle sur laquelle nous allons maintenant avoir à nous expliquer.

FONDEMENT ET LÉGITIMITÉ DE L'INTÉRÊT. — OBJECTIONS FAITES CONTRE CETTE LÉGITIMITÉ DE L'INTÉRÊT

I

FONDEMENT ET LÉGITIMITÉ DE L'INTÉRÊT.

L'intérêt est-il légitime ou bien n'est-il qu'un profit honteux et abusif extorqué à l'emprunteur en détresse ? Cette question célèbre a vivement agité les siècles passés; aujourd'hui, sans être définitivement résolue, elle ne soulève cependant que de rares discussions. Bien qu'elle puisse s'appliquer à toute espèce de quantités, grains, vins et autres denrées, je ne m'en occuperai ici que sous son côté le plus important, c'est-à-dire sous le rapport de l'intérêt de l'argent.

Comme l'individu qui prête un capital fixe ne doit retrouver ce même capital que détérioré par l'usage qui en a été fait, on l'autorise à recevoir de celui auquel il l'a prêté une indemnité, un loyer représentatif du service et de la détérioration.

Au contraire, celui qui prête un capital circulant recevra plus tard, non pas les choses mêmes prêtées, mais des valeurs égales; partant, il n'y a pas alors pour lui de chances de détérioration.

Par suite de cette différence qui vient d'être signalée entre le loyer et l'intérêt, on a été amené à justifier l'un et à contester vivement la légitimité de l'autre. Il nous faut donc chercher à établir que, si le loyer est légitime, l'intérêt ne l'est pas moins.

L'idée fondamentale que fait naître le mot *intérêt* repose tout entière sur une distinction entre deux espèces de valeurs : la valeur intrinsèque d'une chose et la valeur de son usage. Mais cette idée n'est pas la seule que renferme ce mot. En effet, quand on analyse l'intérêt du capital et la manière dont il se compose, on trouve : 1º Que le prêteur se prive de sa chose pendant une période de temps plus ou moins longue; en la gardant par devers lui, il pourrait la faire valoir et en retirer un certain bénéfice; il est donc juste qu'il demande à être indemnisé du gain qu'il manque de réaliser par suite du prêt qu'il a bien voulu consentir. 2º Que le prêteur court le risque de perdre son capital par suite de l'insolvabilité qui pourra atteindre l'emprunteur; dès lors, est-il injuste qu'il exige une indemnité pour ce risque, qu'il se fasse donner pour ainsi dire une *prime d'assurance*? 3º Qu'enfin l'emprunteur se sert du capital pendant plus ou moins longtemps; qu'il en retire peut-être de gros bénéfices, que sans le prêt il n'aurait pas pu réaliser. Si le prêteur n'était venu à son secours, il eût été impossible à l'emprunteur de relever on crédit ébranlé et sa ruine serait à jamais consommée. Y a-t-il donc là une si grande injustice, à prélever une légère portion de ces profits pour indemniser le prêteur des risques qu'il a courus, de la privation qu'il s'est imposée ?

D'ailleurs, le propriétaire d'un capital a un droit absolu sur sa chose. Il peut laisser son argent improductif dans son coffre-fort tant que cela lui plaît, de même qu'il peut en disposer comme il l'entend. Puisqu'il est le seul juge de l'emploi de ses capitaux, pourquoi l'empêcher de vouloir les prêter aux conditions qu'il veut y mettre ? S'il veut se contenter de faire un prêt désintéressé et gratuit (et certes, ce n'est pas nous qui blâmerons le riche de se montrer libéral envers un emprunteur malheureux et digne d'intérêt), il en est le maître ; mais, par une juste réciprocité, il doit avoir le droit de se faire payer le service qu'il rend.

On voit tous les jours un propriétaire louer ses immeubles et en retirer de fort beaux loyers ; mais l'on ne s'est jamais avisé de dire que c'était là un gain illicite. On dit, il est vrai, que ce loyer est la compensation de la privation du capital et qu'il représente les dégradations auxquelles est sujet ce capital. Sans doute cela est vrai. Mais le prêteur d'argent ne se prive-t-il pas aussi de son capital ? Ne s'expose-t-il pas aux risques de l'insolvabilité du débiteur ? Il n'est donc ni injuste ni extraordinaire que l'usage d'une somme d'argent se loue comme celui de toute autre chose, car l'intérêt n'est que le loyer de l'argent prêté.

Mais ces considérations ne sont pas les seules que l'on puisse faire valoir pour établir la légitimité de l'intérêt: d'autres considérations bien plus puissantes et d'un ordre beaucoup plus élevé militent également en sa faveur. On peut dire, en effet, que l'intérêt est nécessaire au commerce, dont il est un instrument de crédit indispensable: et le commerce est l'élément principal de la prospérité de la société tout entière ; qui pourrait nier que le commerce ne serve pas aux progrès de toute civilisation, au bien-être de toute société ? Supprimer le prêt à intérêt, c'est tuer le crédit, c'est entraver le commerce, qui ne vit que de crédit, et porter une grave atteinte à la prospérité d'une nation. Car, s'il n'est point permis de retirer un intérêt de son argent, personne ne courra le risque d'un prêt gratuit et chacun préférera enfouir son or, sans profit, plutôt que de le risquer sans compensation.

Ces considérations, invoquées déjà par Turgot dans son mémoire sur les prêts d'argent, ont aujourd'hui bien plus de poids encore par suite de l'extension considérable que prend la richesse mobilière et de l'immense développement du commerce et de l'industrie. Que de grandes entreprises qui n'auraient pas pu naître ! combien d'autres qui auraient été entravées dès leur naissance ! si le prêt à intérêt avait été sévèrement prohibé.

En 1787, les *Lettres sur l'usure*, de Jérémie Bentham, établirent non-seulement la légitimité des intérêts, elles prouvèrent même leur utilité pour l'emprunteur. Voici, en effet, ce qu'il dit : « Bien qu'une darique (1) soit aussi incapable d'engendrer une darique que d'engendrer un bélier ou une brebis, un homme, cependant, avec une darique empruntée, peut acheter un bélier et deux brebis qui, laissés ensemble, doivent probablement, au bout de l'année, produire deux ou trois agneaux : en sorte que cet homme, en venant, à l'expiration de ce terme, à vendre son bélier et ses deux brebis pour rembourser la darique et en donnant ensuite un de ses agneaux pour l'usage de cette somme, doit encore se trouver de deux agneaux ou d'un au moins plus riche que s'il n'avait pas fait ce marché. »

Voilà, certes, des raisons péremptoires et sur lesquelles il nous paraît inutile d'insister. De tout cela, il résulte que la légitimité de l'intérêt ne saurait sérieusement être mise en doute ; qu'une institu-

---

(1) La darique était une ancienne monnaie des Perses. On l'appelait ainsi du nom de Darius Ier, qui le premier la fit frapper. On l'évalue à environ 25 francs.

tion à laquelle la morale la plus scrupuleuse ne trouve rien à reprendre et que justifie l'intérêt du prêteur, de l'emprunteur et de
la société tout entière ne peut être injuste et dénuée de fondement.
Cependant, cette légitimité n'a pas été admise sans contestation et
il nous reste à examiner les objections qu'on y a faites et qu'on y
fait encore. En les réfutant, nous établirons plus solidement encore combien est juste et légitime le fondement de l'intérêt.

II.

OBJECTIONS CONTRE LA LÉGITIMITÉ DE L'INTÉRÊT.

Mon intention n'est certes pas d'étudier en détail les objections
innombrables qu'on a faites contre l'intérêt de l'argent. La philosophie de l'antiquité, la théologie et la casuistique du moyen âge et
enfin l'école socialiste moderne y ont chacune apporté leur con-
tingent. Je ne m'attacherai donc qu'aux principales pour en faire
une courte réfutation.

On a d'abord dit : « Retenir un intérêt de l'argent, mais c'est
une monstruosité ! L'argent est stérile par lui-même, il est improductif. » Cette argumentation n'est pas nouvelle, car elle est reproduite d'Aristote, qui disait que : « L'argent issu de l'argent est
de toutes les acquisitions celle qui est le plus contre-nature. »

Mais un meuble produit-il un meuble ? une maison enfante-t-elle
une maison ? l'argent naît-il, à proprement parler, des toits et des
murailles ? comme dit Calvin dans une de ses lettres; et cependant,
ne trouve-t-on pas tout naturel de retirer un loyer d'un meuble,
d'une maison, d'un champ ? s'est-on jamais avisé de dire que
c'était là un profit contre-nature ? Pourquoi, dès lors, ne pas admettre pour l'argent ce que l'on trouve parfaitement équitable
pour toute espèce de valeur ?

Aussi, ni la grande autorité du chef des Péripatéticiens, ni les
anathèmes de Caton, qui mettait sur la même ligne l'homicide et
le prêt à intérêt, ni l'imposante majorité de philosophes et de

théologiens qui s'était formée pour réprouver l'intérêt, n'ont eu assez de poids pour empêcher les hommes de retirer paisiblement et sans scrupules un intérêt de leur argent. L'Eglise elle-même, après la plus vive résistance, avait été forcée d'entrer dans la voie des concessions.

Les théologiens et les casuistes, de leur côté, n'ont par manqué d'exercer leur subtilité sur cette question. Ils sont allés chercher des objections dans les livres sacrés, prétendant que la Bible prohibait sévèrement le prêt à intérêt. Ils citent à l'appui de cette opinion plusieurs passages du Deutéronome et d'Ezéchiel, mais surtout saint Luc (Evangiles, chap. vi, versets 34 et 35), où le Christ dit : « *Mutuum date nil inde sperantes; prêtez sans es-pérer aucun profit.* » C'est de ces mots qu'on a conclu que le Christ prohibait l'intérêt.

Mais d'abord, on pourrait répondre que c'est là peut-être un conseil chrétien, mais nullement une prohibition ni une disposi-tion de loi. Cependant, on peut faire une réponse plus directe et plus concluante : il faut prendre le texte en entier et alors on lui trouvera un tout autre sens. L'évangéliste, en effet, n'entend point parler de l'intérêt de l'argent. Il vient de faire allusion à ceux qui prêtent dans l'espoir qu'on leur prêtera à leur tour et il leur dit : « Faites le bien, prêtez sans rien espérer, sans compter pour vous sur une faveur pareille. » Quant aux autres textes du Deutéro-nome et d'Ezéchiel, ils ne disent pas un mot de ce qu'on a voulu y trouver ; ils se bornent à condamner l'usure, c'est-à-dire l'intérêt exagéré, là où elle existe et d'une manière générale. Et, ce qui est plus probant encore, c'est qu'on trouve même dans les livres saints des textes qui permettent de prêter à intérêt, et notamment la pa-rabole du maître qui confie des talents à ses serviteurs pour les faire fructifier, et dans laquelle le Christ autorise implicitement le prêt avec intérêt, puisqu'il récompense celui des serviteurs qui a doublé ses capitaux par un bon placement (saint Mathieu, xxv, versets 14 et suiv.).

On insiste pourtant et on invoque les Pères de l'Église, les conciles, l'autorité des papes, la doctrine des universités. Mais à toutes ces objections on peut opposer que les Pères de l'Église ont condamné l'intérêt excessif, usuraire, mais non pas un intérêt légitime. Si saint Léon a étendu aux laïques la prohibition de prêter à intérêt que le concile de Nicée avait édictée contre les clercs seulement, d'un autre côté, Innocent III, dans une consultation qui acquit assez d'intérêt pour être insérée dans le droit canonique, est loin d'avoir montré la même rigueur : on lui demandait par quelle garantie on pourrait assurer la restitution de sa dot à une femme dont le mari ne pouvait pas donner caution : Innocent III n'hésite pas à répondre qu'il faut la placer à intérêt chez un commerçant. D'autres papes, dans d'autres circonstances, ont encore approuvé, encouragé le prêt à intérêt ? En effet, les monts-de-piété, si nombreux, au moyen âge, dans l'Italie, qui fut leur berceau, ne prêtaient-ils pas à gros intérêts, n'en payaient-ils point eux-mêmes pour les sommes dont ils étaient débiteurs ? et cela a-t-il empêché les papes et même le concile général de Latran d'autoriser ou de confirmer leur établissement ?

Il est vrai que la Sorbonne était un adversaire déclaré du prêt à intérêt ; mais on peut lui opposer victorieusement la presque unanimité des autres universités de l'Europe, qui, dans une consultation demandée par la ville de Lyon en 1742, ont formellement reconnu la légitimité de l'intérêt. En même temps, les plus grands docteurs, parmi lesquels je ne citerai que saint Thomas d'Aquin, Gerson et Martin Navarre, se sont prononcés en faveur du prêt à intérêt.

Aussi les proscripteurs de l'intérêt ont bien été forcés de se relâcher de leur rigueur et d'entrer dans la voie des concessions. C'est alors que la casuistique a imaginé des théories plus ou moins séduisantes pour appuyer la prohibition de l'intérêt dans certains cas, pour justifier son admission dans d'autres ; c'est alors qu'on voit apparaître la théorie des trois contrats (vente, société et

assurance), la théorie du *lucrum cessans, damnum emergens.*
Pothier a distingué l'usure ou intérêt lucratif, qui était prohibé,
de l'intérêt compensatoire, qui était permis.

D'un autre côté, les jurisconsultes ne sont pas restés en arrière
et sont entrés à leur tour dans la lice à la suite des théologiens
pour combattre le prêt à intérêt avec de nouvelles armes. Dans
un contrat, ont-ils dit, l'une des parties ne doit pas rendre plus
qu'elle n'a reçu ; or, l'emprunteur qui paie des intérêts rembourse
plus qu'il n'a reçu, ce qui est contraire à la loi du contrat. Et,
du reste, il est impossible que le prêteur puisse exiger des intérêts, puisque, au moment même où le contrat se forme, il perd la
propriété de la somme prêtée, qui passe à l'emprunteur ; il ne peut
donc pas profiter des produits d'une chose qui ne lui appartient
plus.

Ces raisons, qui paraissent séduisantes au premier abord, sont,
certes, bien spécieuses, mais elles ne sont rien moins que con-
cluantes. Elles reposent, en effet, sur une erreur ; dès lors, toute
base solide leur fait défaut.

Dans tout échange, le mot *valeur* a un sens dans lequel cette
valeur est toujours égale de part et d'autre : l'échange étant libre
de la part de chaque contractant, il n'a d'autre motif que la préférence que l'un d'eux donne à la chose qu'il reçoit sur celle qu'il
abandonne. Ainsi un vigoureux cheval de trait fera bien mieux
l'affaire d'un agriculteur que le coursier le plus rapide ; dès lors,
si cet agriculteur échange un cheval élégant pour un solide cheval
de labour, il ne pourra pas se prétendre lésé, bien que le premier
ait une valeur de beaucoup supérieure à celle du second, parce
qu'il a trouvé son avantage à cet échange ; il a donné une chose
qui lui était inutile pour en avoir une qui lui sera, au contraire,
très-utile. Chacun, en raison du besoin qu'il a de la chose qu'il acquiert, lui donne une valeur plus grande qu'à celle qu'il cède. Cette
préférence, étant réciproque de la part des deux parties, produit
l'égalité entre elles. La valeur d'une chose dépend donc du rapport

sous lequel on l'envisage. Elle dépend encore de l'opinion des deux contractants sur le degré d'utilité des choses échangées par eux, sur la satisfaction de leurs besoins ou de leurs désirs. Elle n'a donc aucune réalité et peut changer d'une personne à l'autre, et il ne saurait y avoir lésion ou injustice qu'autant que l'un des contractants aurait été trompé ou violenté.

On prétend que le prêteur qui exige des intérêts reçoit plus qu'il ne donne. Mais on n'aperçoit pas qu'en raisonnant de la sorte on fait une pétition de principe; car on affirme précisément ce qui est en question : on ne considère dans le prêt que la quantité, le poids du métal prêté et rendu, sans tenir aucun compte de l'utilité qu'il peut avoir pour l'emprunteur. Mais, ajoute-t-on, il est impossible que l'emprunteur paie des intérêts pour l'usage de l'argent prêté puisqu'il en est devenu propriétaire par le contrat. Comment exiger de lui un loyer d'une chose qui lui appartient? L'usage de la chose se confond avec la chose elle-même, puisque en user c'est la consommer.

Certainement l'emprunteur devient propriétaire de l'argent, du métal en lui-même et considéré physiquement, mais on peut dire qu'il n'est pas propriétaire de la valeur que représente ce métal, puisqu'il doit la rendre au bout d'un temps plus ou moins long. Ainsi, dans le prêt d'une somme de mille francs, celui qui l'emprunte est propriétaire de cinquante pièces de vingt francs; il peut en disposer comme bon lui semble, mais il devra rendre la même valeur, c'est-à-dire mille francs; le prêteur a donc gardé par devers lui la propriété ou le droit d'exiger mille francs (1). Du reste, fût-il vraiment propriétaire, l'emprunteur ne pourrait pas, néanmoins, être dispensé de payer des intérêts si telle est la convention des parties. Le prêteur, en effet, est libre de ne pas prêter; il est donc libre aussi de mettre au prêt qu'il consent les conditions qu'il

(1) Sans doute c'est là un droit personnel, une créance; mais être créancier, c'est être propriétaire d'une créance.

lui plaît d'imposer. Il peut donc ne se dessaisir de son argent que sous la condition que des intérêts lui seront payés. Ainsi, en admettant même que l'emprunteur devienne propriétaire de la somme prêtée, il ne le devient que sous la condition de payer les intérêts stipulés.

J. Bentham, dans ses lettres sur la défense de l'usure, a prévu et réfuté un grand nombre d'autres objections tirées de la nécessité de réprimer l'intérêt usuraire et la prodigalité, d'empêcher la fraude ou de mettre l'indigence à l'abri de la cupidité. Il a établi d'une manière péremptoire que la prohibition de l'intérêt était beaucoup plus nuisible qu'utile et qu'elle produisait des effets diamétralement opposés à ceux qu'elle se proposait ; car elle plonge plus profondément dans la misère celui qui y est déjà, en l'empêchant de trouver du crédit, et consomme la ruine de ceux qui auraient pu relever leur fortune au moyen d'un emprunt. Personne, en effet, ne voudrait prêter à un insolvable s'il n'avait l'espoir d'un gain quelconque.

Il semblait que la cause de la légitimité de l'intérêt était définitivement gagnée, lorsque, de nos jours, l'école socialiste est venue tout remettre en question en réclamant la gratuité du crédit au nom de l'humanité et de la solidarité. On part de ce principe, que tous les biens existant sur la terre sont des dons faits par la nature aux hommes et que ceux-ci doivent se les diviser équitablement entre eux, la part de chacun étant limitée à ses besoins. De sorte que celui qui en prend au delà de ses besoins usurpe la part des autres et doit remettre cet excédant dans le fonds commun. (Proudhon, deuxième lettre à F. Bastiat, p. 66, édit. 1850.)

On peut d'abord répondre qu'il est très-difficile, pour ne pas dire impossible, de fixer, de déterminer exactement les besoins de chacun sans tomber dans un arbitraire des plus odieux ; car le besoin varie à l'infini selon les individus et les circonstances.

Et puis, qu'est-ce qui prouve que celui qui prête de l'argent ne consent pas à se priver momentanément d'une partie de ce qui lui est nécessaire pour augmenter son avoir par le bénéfice résultant de cette privation passagère ? Et c'est à cet homme que vous venez dénier son droit de propriété sur une chose qui est le fruit de son travail et de ses privations! Mais, dans ces conditions-là, qui voudra travailler? Qui consentira à prêter de l'argent ? Au lieu de venir au secours de celui qui est dans le besoin, vous le réduirez au contraire à la dernière extrémité.

Certainement, la terre et ses produits sont des dons de la nature. Mais de quelle utilité sont-ils pour l'homme tant que son activité ne s'est pas exercée sur eux? Ils n'ont aucune valeur par eux-mêmes; ils n'en acquièrent que par le travail de l'homme; et c'est ce travail qui est la justification et la raison d'être de la propriété (F. Bastiat, *Harmonies économiques*, 3e édition, p. 166). En établissant le fondement de la propriété, on légitime en même temps l'intérêt : car, ses détracteurs, passant de l'intérêt à tous les autres biens, arrivaient à la négation de toute propriété.

Les défenseurs de la gratuité du crédit voulaient multiplier et égaliser les richesses sur la terre en y faisant tomber un déluge de papier-monnaie sans garantie aucune : c'était le conclusum, l'ultimatum, le désidératum du socialisme, selon les expressions d'un écrivain publiciste, F. Bastiat (5e *Lettre à Proudhon*, p. 213).

C'était là sans doute un beau rêve ; mais ce n'était qu'un rêve, et le réveil eût été terrible. Cette utopie eut le sort de toutes les utopies : l'expérience l'a jugée et condamnée comme elle a condamné l'Icarie et le Phalanstère. Chimères brillantes autant que trompeuses qui n'ont eu d'autre résultat que de jeter dans le désespoir les malheureux qu'avait entraînés leur mirage décevant.

DE LA FIXATION DU TAUX DE L'INTÉRÊT.

Après avoir, croyons-nous, démontré la légitimité de l'intérêt, il nous reste à nous demander si le taux en doit être fixé d'une manière invariable par le législateur ou si l'on doit à cet égard laisser toute liberté à la convention des parties. Il nous semble qu'on doit sans hésiter se ranger à cette dernière opinion, et les arguments qui ont été invoqués pour faire tomber la prohibition de l'intérêt pourraient servir à combattre, avec la même force, le taux légal.

On sait que l'intérêt se compose de deux éléments : d'abord la privation du capital que s'impose le prêteur en en cédant l'usage à l'emprunteur, et, en second lieu, les risques de l'insolvabilité de celui-ci, les chances de perte ou de non-remboursement ; c'est-à-dire, d'une part le loyer de l'argent et d'autre part une prime d'assurance. Qui ne voit, d'après cela, qu'on ne saurait, sans inconséquence, fixer à *priori* et d'une manière uniforme le taux de l'intérêt ? Mille causes, en effet, peuvent faire varier ces éléments qui, par leur réunion, constituent l'intérêt : l'appât d'un gros bénéfice, les besoins plus ou moins urgents de l'emprunteur, les profits qu'il retirera du prêt, son activité, son économie ou son insouciance, la nature et les difficultés de l'entreprise qu'il poursuit, les circonstances politiques ou sociales dans lesquelles on se trouve, le nombre des demandes d'emprunt, l'abondance ou la rareté des capitaux, la prospérité ou le marasme du commerce, de l'industrie ou du crédit public, voilà les principales de ces causes multiples qui exercent leur influence sur les éléments dont l'intérêt se compose. Comment donc pourrait-on se flatter de déterminer d'une manière juste et invariable le taux de l'intérêt, qui est chose essentiellement variable ? Puisque chaque prêt se fait dans des conditions spéciales, il faut laisser les parties, juges des circonstances et de leurs situations respectives, élever ou abaisser à leur gré le taux des intérêts. L'argent, d'ailleurs, étant une marchandise comme les autres, son prix doit varier selon l'offre et la demande, et c'est d'après ce prix courant que doivent s'établir les intérêts. Des lois qui tracent à l'avance une limite infranchissable ne peuvent qu'établir une uniformité d'où doit sortir nécessairement l'injustice. Ce serait le cas de dire avec Montesquieu que les lois, extrêmes dans le bien, font naître le mal extrême *(Esprit des Lois, livre XXII, chap. XXI in fine)*.

Imposer une limite au taux de l'intérêt, c'est porter atteinte à la liberté des conventions et même au droit de propriété. Le prêteur est propriétaire de son capital, il est le maître de ne pas le prêter, et s'il consent à s'en dépouiller momentanément, il doit être le maître aussi de faire ses conditions dans le contrat. Pourquoi soumettre l'argent à des restrictions dont sont affranchies les autres valeurs ? Supposez le louage d'une machine ; le loyer peut être de trente ou quarante pour cent, et ni la loi ni l'opinion publique ne trouveront rien à dire, tandis que, pour l'argent, il en sera tout autrement. La cause de cette différence entre deux situations identiques échappe à l'esprit, qui ne peut concevoir pour quelle raison la loi a réservé toutes ses rigueurs pour l'argent.

On a cependant essayé de défendre le taux légal ; on a souvent fait, dans ce but, le tableau des conséquences déplorables qu'entraîne à sa suite l'usure exagérée ; « Sane vetus urbi fœnebre malum et seditionum discordiarum que creberrima causa » (Tacite, *Annales*, livre VI, n° 16). On a dépeint sous les couleurs les plus sombres les désordres de Rome, les luttes des plébéiens contre les patriciens, leur retraite sur le mont Aventin, et on a tiré cette conclusion, « que l'usure est la ruine des familles, la perte du commerce et de l'industrie, et qu'il faut à tout prix fixer d'une manière définitive l'intérêt qu'il sera permis de retirer de son argent.

Ces raisons, dont on ne peut se dissimuler l'importance, ne sont pas cependant décisives. On pourrait d'abord répondre que le résultat le plus certain d'une loi qui fixe le taux de l'intérêt est d'augmenter l'usure en proportion de la sévérité de la défense, le prêteur se faisant payer pour le danger des peines de la loi.

En second lieu, si l'argument qu'on oppose était fondé, il faudrait le généraliser et l'étendre à la grande majorité des contrats. Pourquoi restreindre, si elle est nécessaire, cette protection accordée à l'emprunteur, au seul cas où il s'agit d'un prêt d'argent ? Le système restrictif a déjà été mis en pratique pour les denrées, et l'expérience l'a formellement condamné. Qui ne se rappelle ces lois de *maximum* dont le nom seul évoque une époque désastreuse pour notre pays ? Cette législation a disparu et tout le monde s'en est réjoui, producteurs et consommateurs. Pareil phénomène se reproduira lorsque l'on croira pouvoir proposer l'abolition de la loi de 1807. Des abus se produiront peut-être dans le principe; mais les choses ne tarderont pas à prendre une allure régulière et l'équilibre sera bientôt rétabli. L'argent, comme toutes les autres denrées, aura son cours normal; et si l'économie politique, d'accord avec l'expérience, n'est pas une trompeuse chimère, il est permis d'espérer que, grâce au fonctionnement harmonieux de notre organisation sociale, grâce à ces puissantes institutions de crédit auxquelles nos populations sont déjà habituées à recourir en cas de détresse, grâce à l'abondance de l'or et de l'argent sur nos marchés, le taux de l'intérêt baissera plutôt qu'il n'augmentera. C'est cette pensée, que la baisse de l'intérêt est l'indice certain d'un grand progrès économique, que Turgot a formulée avec des expressions si imagées (*Mémoire sur les prêts d'argent*).

Pour justifier le taux légal, on a invoqué aussi l'intérêt même des emprunteurs en disant que la loi de 1807 avait été inspirée par un sentiment de bienveillance pour eux et que si le vendeur lésé a un recours contre l'acheteur peu scrupuleux qui a profité de sa détresse, il est tout aussi juste de venir en aide à celui que le besoin force d'emprunter.

Certes, ce raisonnement est bien séduisant, mais il ne faut cependant pas se dissimuler que le but de la loi est rarement atteint. Il serait superflu d'énumérer tous les moyens détournés par lesquels on peut l'éluder et devant lesquels les magistrats restent trop souvent désarmés : actes frauduleux qui démoralisent les hommes peu scrupuleux en leur faisant perdre le respect d'une loi que l'on peut violer presque impunément. Cela nous montre que l'emprunteur n'est pas protégé d'une manière efficace. On peut ajouter qu'il est bien rare qu'un homme soit meilleur juge dans les affaires d'autrui que l'intéressé principal ; s'il consent à donner un intérêt très-élevé, c'est qu'il pense évidemment pouvoir le faire sans danger ; c'est que son but est de parer à une perte beaucoup plus grande. On veut mettre à l'abri de la fraude les simples et les imprudents. Mais la fraude n'est-elle pas aussi bien à craindre lorsqu'il s'agit d'autre chose que de l'argent ? Pourquoi n'a-t-on pas songé à intervenir dans ces cas-là ? Le prix de l'argent est-il donc plus difficile à connaitre que celui de toute autre marchandise ? Mais, dit-on, dans le cas d'une lésion de plus de sept douzièmes, le vendeur est protégé par la loi elle-même ; sans doute, mais c'est là un cas exceptionnel et on ne justifie pas une exception par une autre exception. Du reste, la similitude n'est pas complète entre une vente d'immeubles et un prêt d'argent. Car si la lésion de plus des sept douzièmes est un indice suffisamment clair de la contrainte subie par le vendeur, il n'en est plus de même pour le taux de l'intérêt, dont l'élévation peut s'expliquer par le peu de garantie de l'emprunteur, la rareté des capitaux et mille autres circonstances.

L'expérience est là d'ailleurs pour montrer que, dans bien des cas, les principes de la loi sur l'usure doivent fléchir dans l'intérêt bien entendu de tous, même des emprunteurs : les décrets des 15 et 18 janvier 1814, l'ordonnance du 7 décembre 1835 et la loi du 19 juillet 1857 sont des arguments auxquels il n'y aura jamais de réponse. En Algérie, on peut prêter à un taux quelconque ;

serait-il vrai, dès lors, comme l'a dit Pascal, qu'une ligne du méridien fait varier la morale? L'État lui-même, dans les moments de crise, n'emprunte-t-il pas à un taux beaucoup plus élevé que le taux légal, comme on l'a vu en 1848? Les monts-de-piété peuvent élever leurs intérêts jusqu'à dix pour cent, et, dans le prêt à la grosse aventure, le prix est illimité précisément à cause des risques que court le capital. Dans toutes ces circonstances, et dans d'autres encore que nous pourrions citer, la loi cesse donc de recevoir son application.

Les législations étrangères nous prouveraient elles-mêmes que l'on peut sans inconvénient laisser toute liberté aux parties contractantes pour fixer à leur gré les clauses de leurs conventions. Si quelques craintes pouvaient s'élever encore sur les dangers qu'entraînerait à sa suite l'abrogation de la loi de 1807, on peut leur opposer avec confiance l'exemple donné par les nations voisines, par l'Angleterre surtout, si riche et si commerçante, et qui cependant ne connaît rien de pareil à notre loi de 1807; par l'Espagne, par la Hollande et le Piémont. Les États-Unis, l'Autriche, la Saxe, le Wurtemberg ont adopté aussi le principe du libre taux de l'intérêt.

Est-ce à dire que les parties contractantes seront à la merci l'une de l'autre et qu'un usurier habile pourra impunément dépouiller un emprunteur trop faible et trop confiant? Évidemment non. Dans tous les contrats, il est une des parties qui dicte sa loi à l'autre : dans la vente, l'acheteur; dans le louage, le locateur; dans le *mutuum*, le prêteur. C'est à leur encontre que la loi doit prendre des précautions et exercer, dans l'intérêt social, une action vigilante. Il s'agit donc de savoir quelle sera la limite qui, une fois dépassée, permettra de relever l'emprunteur des engagements qu'il aurait pris inconsidérément. Faudra-t-il prendre pour base le bénéfice loyalement possible ou probable? et le juge aura-t-il tout pouvoir d'appréciation à cet égard?

Nous ne pensons pas que la question doive être ramenée à ces termes. Du moment que nous combattons pour la liberté du crédit, il ne faut pas lui mesurer l'espace et l'enfermer dans un cercle étroit où elle ne tarderait pas à succomber. Et il ne faut pas que la justice voie le seuil de ses temples assiégé par la foule des emprunteurs venant déposer leurs plaintes et soutenir que l'intérêt exigé d'eux a dépassé tous les produits présumables.

Aussi, pour que l'emprunteur soit admis à se plaindre, il ne suffira pas d'une légère différence entre le bénéfice probable et l'intérêt fixé par la convention, il faudra une lésion énorme, appréciable à *priori*. Alors, le juge, convaincu que le prêteur a abusé de la bonne foi ou de la détresse de l'emprunteur, n'aura plus qu'à appliquer la loi protectrice de ceux qui auront souscrit des engagement ruineux. « Quand l'économie politique dit que la loi sur l'usure est une loi contraire aux principes, elle ne dit pas qu'il ne faut pas étendre dans le Code le cercle des escroqueries. » (Baudrillart, *Manuel d'Economie politique*, p. 338.)

Le jour où le législateur croira pouvoir supprimer toutes les entraves qui pèsent sur le libre taux de l'intérêt, il saura certainement compléter son œuvre par de sages mesures qui préviendront les abus et, sans qu'il soit besoin de faire revivre dans notre droit les dispositions du *sénatus-consulte macédonien*, préserver les emprunteurs contre les fraudes ou la cupidité des prêteurs.

Que l'on ne s'effraie donc plus à la pensée des résultats que pourrait avoir cette liberté que la science économique réclame. Si le taux de l'intérêt qui est aujourd'hui imposé par la loi en vigueur est rationnel et conforme aux exigences de notre époque, il se soutiendra malgré la liberté, soyons-en certains. Ne voyons-nous pas les rentes sur l'État et les titres, que chacun se dispute tous les jours, conserver, lorsque les temps sont calmes et les crises éloignées, une valeur à peu près uniforme. Le même phénomène se produira pour le taux de l'intérêt. L'argent, comme les autres denrées, comme les titres, aura sa valeur nettement déterminée, bien connue. La quantité des offres ou des demandes pourra faire varier son prix dans une certaine limite, mais cette variation elle-même s'expliquera et se justifiera par la cause qui l'aura produite.

DES CAS OU DES INTÉRÊTS N'ONT PAS ÉTÉ STIPULÉS PAR LES PARTIES.

Nous avons raisonné jusqu'ici dans l'hypothèse où les intérêts sont dus en vertu de la convention des contractants. Mais il est certains cas dans lesquels les parties négligent de fixer elles-mêmes le taux des intérêts qui devront être payés; il en est même dans lesquels cette fixation n'est pas possible, par exemple lorsqu'aucun contrat n'intervient entre les parties et que cependant, par la force des choses, l'une d'elles est obligée de payer des intérêts à l'autre. Le législateur a toujours eu grand soin de venir au secours de la partie négligente ou malheureuse en lui accordant, soit des intérêts légaux, soit des intérêts moratoires. Mais quel devra être le taux des intérêts ?

Ici, la convention des parties ne peut être d'aucun secours; il faut donc arriver à une fixation, soit par la loi, soit par le magistrat. La détermination du taux de l'intérêt par le magistrat pourrait avoir ses avantages. Variable comme les deux éléments qui entrent dans la composition des intérêts, la décision du juge qui sans cesse se trouve mêlé au mouvement des affaires pourrait tenir compte de ces événements de chaque jour, presque imperceptibles pour le législateur et qui cependant exercent sur le crédit public une si grande influence. Ce système serait certainement le meilleur. Mais pour qu'il pût réaliser les promesses qu'il semble renfermer, il faudrait que le magistrat abandonnât l'étude des lois positives pour la méditation des sciences économiques. Et alors ce ne serait plus le juge vivant seul et retiré dans la préparation de

l'œuvre de la justice, ce serait l'homme public se mêlant aux com-
motions de chaque jour pour les suivre et en étudier les effets, se
passionnant pour ou contre les événements et perdant dès lors la
tranquillité d'âme nécessaire à une bonne administration de la
justice.

Aussi vaut-il peut-être mieux laisser au législateur le soin d'o-
pérer cette fixation. Placé dans une sphère plus élevée, moins
accessible aux influences extérieures, il pourrait, en appréciant les
circonstances et les événements, indiquer le chiffre qui pourrait
servir de guide aux tribunaux. Mais comme cette détermination,
nous l'avons dit, doit tenir compte de la privation qu'éprouve le
prêteur et des risques que le recouvrement peut subir, la loi
n'aura plus alors le caractère de permanence et de fixité que
l'habitude nous fait attacher à tout ce qui émane du pouvoir législatif. Chaque année, plus souvent même, cette fixation pourra
changer. Ne voyons-nous pas chaque jour des effets analogues se
produire lorsqu'il s'agit de déterminer l'intérêt attaché aux bons
du Trésor ? Et, il faut bien le remarquer, le débiteur ne pourra pas
se plaindre de l'arbitraire qu'entrainera nécessairement, dans une
certaine limite, une pareille fixation et des variations que le taux
de l'intérêt subira. Il s'agit d'intérêts légaux auxquels le débiteur
peut se soustraire en désintéressant le créancier; d'intérêts qui
pèsent sur lui, soit parce qu'il s'est rendu coupable d'une faute, si
par exemple il a violé un dépôt qui lui était confié, soit parce qu'il
a omis de fixer lui-même des intérêts dans le contrat; ou bien il
est question d'intérêts moratoires, lesquels sont la punition d'un
retard imputable au débiteur, qui doit en reporter sur lui seul
toute la responsabilité.

Ce système d'une détermination par le législateur des intérêts
moratoires ou légaux, complément d'une loi qui laisserait aux
parties le soin de fixer comme elles l'entendraient le taux de l'intérêt, ne présenterait, ce nous semble, aucun danger.

Mais ce système une fois admis, quel sera le chiffre auquel le législateur devra le plus souvent s'arrêter ? Un ingénieux écrivain, M. Marin Darbel, ayant calculé que le travail moyen d'un homme pendant une année rapporte le vingtième de ce qu'il aura gagné dans sa vie entière, a cru pouvoir assimiler le travail d'un capital au travail de l'homme. D'où il a conclu que le travail d'un capital pendant une année doit produire le vingtième de ce capital, soit cinq pour cent. (*L'usure, sa définition*, p. 279 à 287.) Ce système, très-séduisant, sans doute, a le tort d'établir entre le travail d'un homme et celui d'un capital une similitude qui n'est pas suffisamment prouvée. N'attachons donc pas une importance trop grande aux aperçus de M. Marin Darbel, qui arriverait à rendre impossible toute détermination légale offrant quelques caractères de généralité. Peu importent les augmentations ou les diminutions de la vie de travail de l'homme ! Ce que le législateur devra seulement examiner, ce sont d'abord les produits que, dans le temps où il statue, la moyenne des individus peut retirer de son argent. Il faut, en second lieu, tenir compte de la situation financière du pays, de la rareté ou de la multiplicité des faillites, afin de donner au prêteur une chance suffisante contre les chances de non-remboursement. Et lorsque le législateur aura tenu, pendant son travail, les yeux fixés sur ces deux éléments, son œuvre sera terminée et il aura sauvegardé les intérêts de tous.

Résumons-nous donc et concluons. Il est permis de retirer un intérêt de son argent. Cet intérêt doit être la compensation de la privation et des risques qui pèsent sur le prêteur. Ces éléments, étant variables, ne peuvent être fixés à l'avance par le législateur. Ainsi, pour l'intérêt conventionnel, on doit en abandonner la fixation à la détermination amiable des parties ; pour l'intérêt légal et moratoire, nous la réservons pour la confier au législateur.

Après avoir vu ce qui devrait être, voyons ce qui a été, avant d'arriver à ce qui est aujourd'hui.

———————

ÉTUDES HISTORIQUES

L'étude spéculative que nous venons de terminer sur les intérêts de l'argent, envisagés en dehors de toute législation positive, a dû nous convaincre que rien n'est plus naturel ni plus légitime que la stipulation par le prêteur d'une rémunération pour le service qu'il rend à son débiteur. Aussi nous allons reconnaître que ce contrat est un de ceux qui, dès l'abord, se présentent dans l'histoire, et les législations primitives qui sont parvenues jusqu'à nous ont pris soin de le réglementer (1).

I

La législation mosaïque, partant de ce principe, que tous les Juifs, descendant d'Abraham, d'Isaac et de Jacob, sont les membres d'une même famille et ne doivent entretenir que des relations fraternelles, leur recommande la générosité à l'égard de ceux qui appartiennent au peuple hébreu ; « Si pecuniam mutuam dederis populo meo pauperi qui habitat tecum, non urgebis eum quasi exactor, nec usuris opprimes (2). » C'est, comme on le voit, un

(1) L'intérêt a été connu, suivant les temps et suivant les lieux, sous des noms très-divers. Les Hébreux l'appelaient *Tarbit*, accroissement, par rapport au créancier ; *Neschech*, diminution, par rapport au débiteur. L'expression employée par les Grecs, suivant saint Basile, était τόχος : « *Id est ob ingentem mali fecunditatem, vel ob dolores et molestias quas animis eorum qui fœnore acceperunt solet gignere.* » (Edit. 1721, t. I, p. III.) — A Rome, nous rencontrons *Fœnus* et *Usura*. Aulu-Gelle (*Noctes atticæ*, lib. XVI, cap. XII, n° 7) fait dériver *fœnus a fœtu, et quasi fœtura quadam pecuniæ parientis atque accrescentis*. Usura, c'est le prix de l'usage. — Dans l'ancien droit, les mots *intérêt* et *usure* étaient à peu près synonymes. — Dans notre droit, leur signification est différente. Le mot seul d'*usure* éveille une idée d'illégalité. (M. Marin Darbel : *L'Usure*, sa définition, p. 77 et suiv.)

(2) Exode, chap. XXII, v. 25.

simple précepte de charité; et d'autres textes qui prohibent l'usure nous offrent encore le même caractère : « Si attenuatus fuerit frater tuus et infirmius manu..., ne accipias usuras ab eo, nec amplius quam dedisti. Pecuniam non dabis ei ad usuram, et frugum superabundantiam non exiges (1). Non fœnerabis fratri tuo ad usuram pecuniam, nec fruges, nec quamlibet aliam rem; sed alieno. Fratri autem tuo absque usura id quo indiget commodabis, ut benedicat tibi Dominus Deus tuus in omni opere tuo in terra, ad quam ingredieris possidendam (2). » C'était là un magnifique commentaire de cette belle maxime qu'un trop grand nombre de nations antiques avaient ignorée : « Diliges amicum tuum sicut teipsum (3). » Mais rien dans tous ces passages n'indique une prohibition complète et absolue de l'intérêt; que dis-je ? si un fils d'Ismaël et un fils d'Esaü viennent implorer la sollicitude des fils de Jacob et d'Isaac, non-seulement on pourra, sans violer la loi, exiger d'eux un intérêt, mais, en le faisant, on se conformera à l'intention du législateur : « Fœnerabis ad usuram alieno. »

On ne tarda pas cependant à donner à la pensée de Moïse un sens qu'elle ne comporte point, et nous verrons bientôt le même phénomène se produire pour le Nouveau-Testament. Moïse recommande le prêt gratuit comme un moyen d'appeler sur sa famille les bénédictions du ciel; le Psalmiste en fera une condition du salut : « Domine, quis habitabit in tabernaculo tuo ? Qui pecuniam suam non dedit ad usuram (4); » et, ce mode d'interprétation faisant chaque jour de nouveaux progrès, Ezéchiel rangera l'usure au nombre des faits que la morale universelle réprouve et condamne : « Vir, si fuerit justus et ad usuram non commodaverit et amplius non acceperit, hic justus est, vita vivet; quod si

(1) Lévitique, chap. xxv, v. 35, 36, 37.
(2) Deutéronome, chap. xxiii, v. 19 et 20.
(3) Lévitique, chap. xix, v. 18.
(4) Liber psalmorum, Ps. 14, v. 1 et 5.

fecerit unum de istis, uxorem proximi sui polluentem, egenum et pauperem contristantem, rapientem rapinas abominationem facientem, ad usuram dantem et amplius accipientem, numquid vivet? Non vivet; cum hæc detestanda fecerit, morte morietur, sanguis ejus in ipso erit (1). »

Ce sont là, il faut bien l'admettre, des exagérations engendrées par un amour ardent de la perfection morale que l'on voudrait inspirer à la nation juive ; mais renfermons-nous dans les textes de Moïse, et reconnaissons qu'une seule chose en résulte : c'est qu'entre Juifs, la charité est la règle. Sans doute, l'usure n'est pas contraire au droit naturel, puisqu'on l'autorise à l'égard des étrangers ; elle n'est pas illégitime ; mais celui qui s'en abstient se rend agréable à Dieu. Quant aux étrangers, liberté complète dans les contrats que l'on passera avec eux : « Fænerabis gentibus multis et ipse a nullo fœnus accipies ».

Ce ment expliquer cette différence entre les Juifs et les peuples voisins, presque tous issus d'une même origine, et dont les livres sacrés permettent de retrouver l'auteur commun, à peu de générations en arrière ; distinction qui rapelle la sévère maxime des Douze Tables : « Adversus hostem æterna auctoritas (2) ? — Quelques-uns, comme saint Ambroise, ont voulu que la tolérance n'existât que pour les sept peuples maudits dont la loi prescrivait l'extermination ; d'autres, comme Barbeyrac, l'ont appliquée seulement aux habitants de Tyr et de Sidon, villes commerçantes, qui recevaient l'argent des Juifs adonnés à l'agriculture, en trafiquaient et devaient naturellement remettre aux prêteurs, avec le capital, une portion des avantages qu'ils en avaient retirés.

M. de Pastoret a très-bien établi que ni l'une ni l'autre de ces interprétations n'étaient admissibles ; le mot étranger, *alienus*, s'applique à tous les peuples qui ne sont pas les Hébreux. Com-

---

(1) Prophætia Ezechielis, cap. xviii, passim, v. 5 à 13.
(2) Cicéron : De Officiis, lib. I, n° 12.

prendrait-on, d'ailleurs, que le législateur, après avoir ordonné l'extermination d'un peuple, eût pris la peine de dire que l'on pourrait contre lui exercer l'usure ? Et les Tyriens et les Sidoniens eussent-ils longtemps consenti à rester dans cet état d'inégalité où on aurait voulu les placer vis-à-vis des autres nations qui recevaient gratuitement l'argent des Juifs (1) ?

La disposition du Deutéronome ne peut s'expliquer que par cette rigueur et cette sévérité que, jusqu'à nos jours, toutes les législations ont manifestées contre les étrangers, et dont, il n'y a pas encore un demi-siècle, on eût trouvé des traces, même dans notre Code Napoléon.

II.

Les populations commerçantes de la Phénicie, les Tyriens, les Sidoniens, les habitants de l'île de Crète, qui, par leur industrie, suppléaient à la stérilité de leur territoire, durent nécessairement connaître le prêt à intérêt. — Les Egyptiens, qui regardaient comme un devoir national d'entretenir des relations avec les étrangers, et qui autorisaient même les Grecs à établir pour leurs compatriotes un tribunal à Naucratis (2), avaient dans leurs codes un ensemble de dispositions sur les intérêts de l'argent. Ces dispositions ne sont pas parvenues jusqu'à nous. Nous savons seulement, par un passage de Diodore, qu'une loi de Bocchoris ne permettait pas au prêteur, quelque ancienne que fût sa créance, de réclamer pour intérêts une somme supérieure au capital emprunté (3). La même disposition se retrouvera plus tard dans la loi 27, § 1, C. *De Usuris*.

(1) Histoire de la Législation, t. III, p. 391. Législ. des Hébreux, chap. XIV.
(2) Hérodote, 2, § 178.
(3) Bibliothèque historique, l. I, § 70. — Pastoret : Histoire de la Législation, t. II, p. 240.

A Lacédémione, les instructions de Lycurgue, la Xénélasie, l'absence de monnaie véritable, sont autant de motifs qui doivent porter à penser que les Spartiates ne connaissaient pas, ou au moins ne pratiquaient guère le prêt à intérêt. Corneille de Pauw a cependant soutenu, sur la foi de Plutarque, qu'un grand nombre d'usuriers existaient à Sparte, et que tous ceux que leur âge rendait impropres au service militaire consacraient leurs loisirs au trafic de l'argent (1). — Je crois que le savant écrivain a, dans cette circonstance, comme dans beaucoup d'autres, payé tribut à son amour pour les paradoxes et à sa haine contre les Lacédémoniens. Son assertion, qui ne peut raisonnablement s'appuyer sur Plutarque, n'a rien de vraisemblable, si l'on songe que quelques morceaux de fer non façonnés étaient tout le numéraire de Sparte ; que cette monnaie, si lourde et si vile qu'il fallait deux bœufs pour traîner dix mines (2), n'avait pas même cours dans le reste de la Grèce ; que des peines capitales pouvaient atteindre le Lacédémonien qui gardait chez lui de l'or ou de l'argent, et que le seul contrat usuel était l'échange. Pauw a voulu se créer à lui-même un nouveau grief contre les mœurs de Sparte ; mais son opinion doit être repoussée. Les Lacédémoniens n'étaient pas un peuple commerçant.

Bien différente était la situation d'une ville voisine et rivale. Athènes, la cité chérie de Neptune et de Minerve, du dieu des mers et de la déesse des arts, se livrait aux opérations commerciales et industrielles.

Aussi, nous trouvons dans sa législation tout un système de crédit organisé. Les Athéniens connaissaient l'hypothèque ; bien plus, ils l'avaient entourée d'une certaine publicité matérielle ; les discours des orateurs sont remplis d'allusions faites à ces brandons ou écriteaux qui apprenaient aux passants que ces immeubles

(1) Recherches philosophiques sur les Grecs, t. II, p. 348. 1783.
(2) Environ neuf cents francs. (Plutarque : Lycurgue, § 13.)

n'étaient plus libres (1). Et nous lisons dans Socrate les détails d'un agissement bien voisin du contrat de change, cette grande institution dont on a coutume de reporter l'honneur aux Juifs et aux Italiens du moyen âge (2). Ne soyons donc pas étonnés de rencontrer à Athènes tout un ensemble de banquiers et de prêts à intérêt, d'intérêts terrestres et d'intérêts maritimes (3).

Le taux d'intérêt le plus usité à Athènes, et je ne veux m'occuper que de l'intérêt terrestre, était de douze pour cent par an ; ou, ce qui est plus exact, le débiteur payait à son créancier, chaque année, douze drachmes par mine. Chaque mois, une drachme était exigible (4). Dans une de ses comédies les plus fameuses, Aristophane a souvent fait allusion à cette coutume, lorsqu'il nous a montré Strepsiade priant Socrate de l'instruire dans l'art de ne pas payer ses dettes

Le taux de douze pour cent, quoique le plus ordinaire, n'est pas le seul que l'on rencontre à Athènes : Démosthènes, dans une de ses Olynthiennes, nous parle de ces hommes qui trouvent facilement à emprunter à gros intérêts, qui se procurent ainsi une aisance éphémère, et qui sont bientôt, par l'énormité des intérêts, dépouillés du patrimoine de leurs ancêtres (5). Toutefois, ces intérêts exagérés, souscrits dans des moments de détresse, n'étaient pas obligatoires pour l'emprunteur. Athénée (6) nous a conservé un fragment de Lysias, dans lequel un débiteur qui avait promis à son créancier trois drachmes par mois, sollicitait une diminution de moitié sur les intérêts, ce qui les maintenait encore au chiffre

(1) Démosthène : In Phænippum et in Spudiam. — Henri Estienne dit encore Thesaurus græcæ linguæ, édit. Didot, t. V, p. 2233, ad finem et 2234.

(2) Trapézitique.

(3) Démosthène : In Dionysodorum, in Aphaturium, in Phormionem.

(4) Quatre-vingt-dix centimes (10.fr. 80 pour 90 fr. = 12 %)

(5) Olynthiaca, III, n° 5.

(6) Lib. XIII, § 9.

de neuf oboles ou d'une drachme et demie, dix-huit pour cent ; chiffre que nous rencontrons assez fréquemment, et qui paraît même avoir été le taux habituel lorsqu'il s'agissait d'intérêts dus pour une dot qui n'avait pas été payée à l'échéance (1).

III

D'Athènes, nous passons à Rome et la transition est très-natu·relle pour ceux qui, comme nous, pensent que les décemvirs ont eu sous les yeux la législation de Solon, et lui ont emprunté plusieurs de ses dispositions.

Il est vraisemblable que, pendant les trois premiers siècles de Rome, jusqu'à l'époque des Douze Tables, aucune loi ne limita le taux de l'intérêt. Les patriciens seuls pouvaient disposer de capitaux, et par là dominaient les plébéiens, que l'histoire nous montre toujours réduits à la merci de la classe privilégiée. Mais les abus excessifs qui résultaient de cette liberté sans bornes furent un des principaux griefs du peuple, et les décemvirs durent songer à régler législativement ce point.

La loi des douze Tables décida que l'intérêt ne pourrait excéder l'*unciarium fænus*. « Primo duodecim Tabulis sanctum nequis unciario fœnore amplius exerceat (2). — Mais qu'était-ce que cet *unciarium fænus* ? C'est là une des questions illustres de notre sujet. Tous les historiens l'ont soulevée, et quatre solutions ont été déjà proposées.

Une première opinion, qui n'a plus beaucoup de partisans et que le savant annotateur de la coutume du Nivernais, Coquille, avait défendue, voyait dans l'*unciarium fænus* le taux de cent pour cent par an Ce n'était pas admissible, ce n'était même pas raisonnable, et on me permettra de ne pas m'y arrêter.

(1) Isée : Succession d'Agnas. — Démosthène : Adversus Aphobum.
(2) Tacite : Annales, l. VI, n° 16.

Une seconde opinion, beaucoup plus accréditée, extrême en sens contraire, pense qu'il s'agit uniquement de l'un pour cent par an. Admirablement développée par Saumaise, adoptée par Pothier, elle compte encore aujourd'hui de nombreux partisans dans le monde des lettres (1). Elle ne me paraît cependant guère plus soutenable que la précédente, et elle est si manifestement contraire aux plus simples notions de l'économie politique et aux plus élémentaires données de l'expérience, qu'on peut s'étonner, à bon droit, de la voir suivie à notre époque.

Les deux autres théories sont beaucoup plus sérieuses, et il est permis d'hésiter entre elles. L'une, celle de M. Niebuhr, dont M. Troplong s'est fait le champion (2), et que M. Ortolan (3) et M. de Fresquet (4) ont adoptée, est que l'*unciarium fœnus* correspond au denier douze par an, ou huit un tiers pour cent. L'autre, que soutiennent M. Pellat (5) et M Laferrière (6), après Gravina (7) et Montesquieu (8), enseigne qu'il s'agit du taux de douze pour cent par an ; c'est-à-dire du denier huit un tiers. — De ces deux systèmes, le dernier me paraît le plus exact.

Suivant Niebuhr, le système monétaire national des Romains reconnaissait un capital par excellence, l'as, se subdivisant en douze parties, dont chacune portait le nom d'once ou *uncia*. L'*unciarium fœnus* serait une de ces douze parties, et le créancier aurait reçu une once de gain pour les douze onces, pour l'as qu'il avait prêté.

<hr>

(1) M. Burnouf : Notes sur Tacite ; et M Alexandre Nicolas : Annotations sur Tacite. Edit. Dezobry, p 254.

(2) Préface du Commentaire du Prêt, p. 24 et suiv.

(3) Explication historique des Instituts. 5ᵉ édit., t. II, p. 322.

(4) Traité élémentaire de Droit Romain, t. II, p. 90.

(5) Textes sur la dot, 1ʳᵉ édit , 1847, p. 32.

(6) Histoire du Droit civil, t. I, p. 153.

(7) Esprit des Lois romaines, édit. de 1821, p. 70.

(8) Esprit des Lois, liv. XXII. chap. XXII.

Mais il faut remarquer d'abord que tous les systèmes, sauf toutefois celui de Saumaise, s'appuient sur cette division de l'as en douze onces..

Coquille, lui-même, dit bien que l'*unciarium fœnus* était le douzième du capital ; mais, comme il avait fort justement remarqué que les Romains payaient les intérêts par mois, il en était arrivé à conclure que l'intérêt égalait chaque mois le douzième du capital, soit cent pour cent par an. Avec Niebuhr, il ne s'agit plus de paiement mensuel : chaque année, on paie seulement au créancier le douzième du capital.

L'ingénieux écrivain puise un argument dans un passage de Festus : « Unciaria lex dici cœpta est quam L. Sulla et Q. Pompeius tulerunt, quâ sanctum est ut debitores, decimam partem... » Le texte est incomplet, mais ne veut-il pas dire que les débiteurs durent payer à leurs créanciers l'usure oncière, qui était le dixième du capital ? Et si l'on songe que l'ancienne année de dix mois avait été convertie en l'année de douze mois, on trouvera que le dixième du capital, avec une année de douze mois, correspond exactement au douzième du capital avec une année de dix mois.

Enfin, Niebuhr a trouvé un autre argument, plus spécieux, le seul vraiment important, dans le rapprochement de deux passages d'Ulpien en matière de *retentiones ex dote*. La femme qui s'était rendue coupable d'une grave atteinte à la morale, comme l'adultère, était exposée à une rétention d'un sixième sur sa dot. Lorsqu'il ne s'agissait que d'une faute légère, la rétention était seulement d'un huitième (1). — Le mari, dans les mêmes circonstances, encourait également une pénalité : *propter majores mores*, au lieu d'avoir trois ans pour restituer la dot, il était complétement déchu du bénéfice du terme ; *propter minores mores*, la dot devait être restituée *senum mensum die* (2).

(1) Fragmenta Ulpiani, t. VI, § 12.
(2) Fragmenta, t. VI, § 13.

Eh bien! dans le système de M. Niebuhr, on verra que le chiffre des pénalités encourues par le mari et par la femme est exactement le même.

Propter majores mores, la femme perd un sixième; le mari, en restituant immédiatement, perd un intérêt correspondant à deux années d'intérêt de la dot entière (1). L'intérêt d'un an représentant un douzième du capital, deux années représentent le sixième, chiffre égal à celui qui est fixé pour la femme.

Propter minores mores, la femme perd un huitième. Suivant Niebuhr, le mari restitue immédiatement le premier tiers de la dot, le second tiers au bout de six mois, le reliquat au bout d'un an. Il perd donc quatre années et demie d'intérêt d'un tiers de la dot, ou dix-huit mois de la dot entière. — Suivant Schrader, le mari, devant restituer la dot entière au bout de six mois, perd cinquante-quatre mois d'intérêts d'un tiers de la dot, ou dix-huit mois d'intérêt de la dot entière. — Dans les deux systèmes, nous arrivons encore au chiffre égal d'un huitième (2).

Ce système, malgré les importantes autorités qu'il a su conquérir, nous apparaît plutôt comme une conception ingénieuse que comme l'expression de la vérité.

Ecartons d'abord ce taux de dix pour cent qui aurait remplacé le huit un tiers pour cent, lorsque l'année de douze mois fut substituée à l'année de dix mois. Au moment où les décemvirs accomplissaient leur œuvre, l'année était depuis longtemps composée de douze mois. Il est de bon goût, dans certaines régions, de traiter avec un certain mépris les récits primitifs de Tite-Live, et de les classer parmi les fables. Mais lorsque l'on consulte la série entière des historiens romains, on les voit tous, sans exception, attester que c'est à Numa qu'il faut reporter la division de l'année

---

(1) Six années d'intérêt d'un tiers de la dot.

(2) Un an représente 1/12 ou 2/24; six mois 1/24; total : 3/24; et en réduisant la fraction 1/8 : chiffre égal.

en douze mois : « Ille... annum quoque in duodecim menses... descripsit (1). » — « Numa Pompilius... annum descripsit in duodecim menses, prius sine aliquâ computatione confusum (2). » — Nous pourrions multiplier les témoignages.

Il faut donc s'en tenir au taux de huit un tiers pour cent par année de douze mois. Eh bien ! ce taux ne me paraît pas assez élevé eu égard à la liberté très-grande que l'absence de loi avait laissée aux patriciens. N'oublions pas que les décemvirs avaient été choisis parmi la classe priviligiée, et que leur code de lois eut plutôt en vue de fixer la législation que de traiter les plébéiens avec une grande mansuétude. Les patriciens se réservèrent d'immenses avantages, jusqu'au droit même de se partager le corps de leur débiteur, lorsqu'il ne remplissait pas ses engagements Il me paraît beaucoup plus vraisemblable que le taux admis fut celui de douze pour cent par an ; il était conforme aux habitudes du temps, il était en vigueur à Athènes, et rien ne serait étonnant dans ce fait, que les législateurs auraient emprunté à la capitale de l'Attique un chiffre sanctionné par l'expérience. Il explique plus facilement, d'ailleurs, cette rapidité avec laquelle les dettes grossissaient, au point d'accabler le débiteur (3).

Et puis, à quelles conséquences arrive le système de M. Niebuhr ? Quand le commerce de Rome s'est développé, quand l'argent a été plus abondant et par suite plus facile à obtenir, l'intérêt s'est élevé de huit un tiers à douze pour cent par an ! Et l'on allègue, sans en apporter la preuve, que cette innovation est contemporaine de Cicéron ! — Mais l'histoire nous a conservé toutes les variations de la législation romaine sur le prêt à intérêt, variations qui se

(1) Florus : Epitome, lib. I, cap. II.
2) Eutropius : Breviarium, lib. I, cap. III.
(3) En 371, dans le tumulte excité par Manlius, on vit un centurion se plaindre de ce que « se militantem .. multiplici jam sorte exsoluta, mergentibus semper sortem usuris, obrutum fœnore esse. » (Tite-Live, lib. VI, cap. XIV.

produisaient toujours dans l'intérêt des débiteurs. Peut-on admettre que les tribuns du peuple, toujours si jaloux de la popularité et toujours si empressés à satisfaire les caprices de la plèbe, eussent recherché, comme moyen de la conquérir, l'élévation du taux de l'intérêt ? Ils se fussent bornés à demander le maintien du chiffre fixé par la loi des Douze Tables ; et si plus tard nous voyons la centésime s'introduire sans protestation, c'est que la centésime correspondait à l'*unciarium fœnus*.

L'intérêt de l'année, pour les Romains, représentait une unité : l'*assiarium fœnus*, se subdivisant en douze onces, *unciarium fœnus*, dont chacune était exigible par mois, comme à Athènes. Cet usage de payer les intérêts par mois, nous le rencontrons dès les temps les plus voisins de la loi des Douze Tables. Les poëtes nous parlent sans cesse de ces tristes calendes, qui, par leur retour trop fréquent, inspirent aux malheureux débiteurs un effroi légitime. A quelle époque se serait donc introduit cet usage de payer les intérêts par mois, nouvelle aggravation pour le débiteur, si la loi des Douze Tables lui permettait de se libérer seulement à l'expiration de l'année ? Ce chiffre de huit un tiers pour cent ne comporte pas facilement, d'ailleurs, une division décimale ou duodécimale.

Ainsi donc, aggravation dans le taux de l'intérêt, aggravation dans le mode de paiement, charges nouvelles acceptées par les débiteurs au moment ou les plébéiens étaient maîtres de la situation, telles sont les conséquences inadmissibles du sytème de Niebuhr, conséquences qui disparaissent si l'on assimile l'*unciarium fœnus* et la *centésime*.

M. Pellat fait encore en ce sens un argument d'une grande valeur quand on songe à la précision qui caractérise le langage des jurisconsultes romains. La centésime est très-souvent appelée *legitima usura* ; or, si la centésime était d'invention prétorienne, lui eût-on donné ce nom de *legitima*, réservé presque exclusivement aux institutions qui dérivent de la loi des Douze Tables : *legitima heredilas, légitima tutela ?*

Mais que répondre maintenant aux deux passages de Festus et d'Ulpien ?

Nous ne saurions d'abord nous arrêter au premier. Ce que nous avons dit sur cette prétendue année de dix mois, dont parle le professeur de Bonn, fait disparaître toute la force de l'argument, qui ne vaudrait que si le texte portait *duodecimam partem.* M. Dacier, il est vrai, a cru devoir faire cette légère correction ; mais, indépendamment de ce que nous n'admettons pas cette théorie trop facile qui consiste à modifier des textes embarrassants, nous ferons observer, qu'en l'acceptant même ; notre thèse ne serait pas compromise : le texte est incomplet et n'offre aucun sens.

Quant au passage d'Ulpien, l'assimilation qu'on en fait sortir paraît assez embarrassante. Elle n'a cependant rien d'effrayant pour notre système. Je reprends les textes d'Ulpien, et je les interprète comme ils doivent l'être. Oui, dans le cas de *majores mores,* les calculs de M. Niebuhr seraient exacts, et le mari et la femme subiraient également une perte équivalant au sixième de la dot. Mais, dans le cas de *minores mores,* cette égalité mathématique n'existera pas. La femme perd un huitième, le mari, selon moi, perdra l'intérêt de trente-six mois d'un tiers de la dot ou l'intérêt d'un an de la dot entière; soit, en me plaçant dans le système de M. Niebuhr, un douzième, et, dans mon système, un huitième, plus ma fraction; de telle sorte que l'ensemble harmonieux établi par les Romains, cette réciprocité des peines atteignant les deux époux, disparaît, même dans le système de M. Niebuhr; et, dans le cas de *minores mores,* ce serait notre calcul qui rapprocherait le plus le chiffre des pénalités encourues par le mari et par la femme.

D'où provient donc cette différence entre nos calculs et ceux de M. Niebuhr et de M. Schrader ?

Pour M. Schrader, le mari doit restituer la dot entière au bout de six mois; pour M. Niebuhr, le mari restitue bien en trois termes, mais le premier terme est immédiatement exigible, le second le sera dans six mois, le troisième dans un an ; — ces deux systèmes doivent produire les mêmes résultats.

M. Schrader traduit les expressions *senum mensum die* comme si le texte portait *sex mensum die*. — Mais il oublie que, toujours chez les jurisconsultes, sinon chez les poëtes (1), le mot *seni* suppose plusieurs termes chacun de six : les délais qui étaient accordés au mari sont réduits chacun de moitié ; mais les trois termes sont maintenus.

M. Niebuhr le reconnait : le mari pourra restituer la dot en trois paiements égaux. Mais alors pourquoi le premier délai consiste-t-il dans le néant, le second dans le quart, le troisième dans le tiers de ce qu'ils auraient dû être ? Il est trop évident que M. Niebuhr n'a créé ces diversités que pour les besoins de sa cause. Le sens rationnel des expressions *senum mensum die* est celui que nous avons indiqué, et s'il en est ainsi, toute l'argumentation basée sur le fragment d'Ulpien s'écroule aussitôt.

Pour nous résumer sur ce point, l'*unciarium fœnus* équivaut, pour nous, au douze pour cent par an, et à l'un pour cent par mois.

La loi des Douze Tables condamnait à la restitution, au quadruple, l'usurier qui avait excédé le taux fixé par elle.

Dans l'impossibilité où je suis de lui assigner sa date, je mentionne, dès maintenant, une loi *Marcia* indiquée par Gaius, et qui permettait, pour obtenir la restitution des intérêts exagérés perçus par les préteurs, de recourir à la *manus injectio* (2).

____

(1) Ovide : Métam.; 12 v. 420 ; — Fastes, 5 v. 623.

(2) Comm. IV, § 23. — D'après M. Boujean (Traité des actions, 2° édit., p. 380 et 300) et M. Zimmern (Traité des actions, 2° édit, p. 136), il s'agirait ici d'une *manus injectio pura* se distinguant, par sa formule et par ses effets, de la *manus injectio judicati* et de la *manus injectio pro judicato*. La partie saisie pouvait se dégager et plaider elle même sa cause, tandis que, dans les deux autres cas, elle ne pouvait se dégager, devait fournir un *vindex* qui s'engageait à la défendre, et à défaut de *vindex* était conduite en prison.

Les mesures prises par les décemvirs ne contentèrent personne, et le récit des luttes suscitées à Rome par la question des intérêts embrasserait l'histoire de toutes les révoltes et de toutes les séditions qui agitèrent la République romaine : « Fœnebre malum, seditionum, discordiarumque creberrima causa. » — Je n'essayerai pas de le faire, et je me bornerai à mentionner les plus importantes dispositions législatives.

En 378, une loi *Licinia* décida que l'on déduirait du capital ce qui avait été payé en usure, et que le surplus serait acquitté par fractions égales dans le délai de trois ans. Cette mesure, qui, suivant l'expression de M. Troplong, était une véritable banqueroute, dut avoir pour résultat d'augmenter encore les exigences des prêteurs. Plus les risques sont grands, plus l'intérêt est élevé — Aussi, vingt ans après, les tribuns Duilius et Mœnius étaient obligés de rappeler à l'observation de la loi des Douze Tables.

Les débiteurs se plaignirent encore, et en 408, sous les consuls Titus Manlius et Caius Plautius, le taux de douze pour cent fut abaissé à six pour cent : « Rogatione tribunitia ad semuncias redacta... versura. » Entrés dans cette voie, les tribuns ne devaient pas s'arrêter, et, en 413, sous le consulat de Caius Martius Rutilus et de Quintus Servilius, sur la proposition de Lucius Genutius, tribun du peuple, une loi interdit l'usure.

Toutes ces mesures ne furent pas respectées : « Multis plebiscitis obviam itum fraudibus, quæ, toties repressæ, miras per artes rursum oriebantur! » On avait recours à un Latin ou à un allié qui jouait fictivement le rôle d'emprunteur. La loi Sempronia défendit tout prêt de cette nature. — On usa alors des provinciaux : la loi Gabinia déjoua cette nouvelle fraude; mais le mal allait toujours grossissant, lorsque, vers l'époque de Cicéron, le sénat rétablit législativement le taux fixé par la loi des Douze Tables.

Le taux de douze pour cent se maintint dans la législation romaine jusqu'au jour où Justinien le modifia pour tenir compte, dans la fixation de l'intérêt, de la qualité des personnes et des opérations qu'on se proposait de faire (1). Pour les illustres *personæ* et les personnes qui les précèdent dans la hiérarchie, la limite qu'on ne peut franchir est le quatre pour cent; pour les commerçants, huit pour cent; pour les contrats à la grosse et les prêts de denrées, douze pour cent; pour toutes les autres personnes et tous les autres contrats, six pour cent. — Puis l'empereur édicte toute une série de dispositions, s'adressant aux magistrats et les excitant à redoubler de vigilance pour éluder les fraudes que l'on voudrait faire à la loi.

Cette constitution, quoique favorable aux débiteurs, nous étonne un peu, émanant de Justinien. Si Procope, dans sa haine contre l'empereur, a affirmé bien des fois qu'on ne devait pas voir en lui un homme, mais un démon sous forme humaine, il faut bien avouer cependant que, dans sa législation, il se préoccupa fréquemment des intérêts de la religion, au point d'établir entre les hérétiques et les catholiques de nombreuses distinctions et de soumettre les premiers à des persécutions cruelles. Trop souvent, il se passionna pour les discussions théologiques, et c'est vraiment une chose notable, qu'en présence des décisions des conciles et des homélies des Pères de l'Eglise, qui protestaient unanimement contre la centésime et l'hémiole, il n'ait pas, comme les empereurs du moyen âge, mis les forces du pouvoir séculier au service des défenses canoniques contre le prêt à intérêt.

IV

Parmi les questions qui ont eu le privilège de préoccuper les théologiens moralistes, aucune peut-être n'a suscité d'aussi vives ou d'aussi nombreuses controverses que celle qui fait l'objet de cette étude. Mon intention n'est pas, assurément, d'entrer dans un examen approfondi de ce vaste problème, qui attend encore au-

(1) L. 26, C. *De Usuris.*

jourd'hui une solution péremptoire et définitive : Est-il permis, dans le for intérieur, de retirer un intérêt de l'argent? — Peut-être même n'est-il pas sans danger de pénétrer, quelque modérément qu'on le fasse, sur un terrain si glissant et si périlleux. — Toutefois, ce côté de notre question a si fort passionné les siècles qui nous ont précédés, qu'il était impossible de le passer sous silence; d'ailleurs, les décisions contradictoires émanant des autorités les plus imposantes, comme les plus respectables, laissent encore, suivant nous, à l'appréciation toute sa liberté et toute son indépendance (1). Ne pourrions-nous pas enfin nous retrancher modestement derrière l'exemple de l'éminent jurisconsulte qui, dans la belle préface de son *Commentaire sur le Prêt*, a su allier à la perfection du style les richesses de la science et de l'érudition ?

La difficulté n'est pas d'hier, et, en ne consultant que le recueil classique de nos lois romaines, nous lisons dans le quarante-troisième canon des Apôtres : « Episcopus, aut presbyter, aut diaconus, qui usuras a mutuum accipientibus exigit, vel desinito, vel deponitor (2).

Sans entrer ici dans la discussion qui s'est élevée sur l'authenticité de ce monument législatif attribué au pape saint Clément, reconnaissons que rien n'était plus naturel que de voir les premiers chrétiens se demander quelles règles de conduite ils devaient

(1) « La raison, d'après l'avis des théologiens les plus considérables, a deux droits à exercer — Le premier est d'interpréter les obscurités des textes. Saint Thomas, d'après saint Augustin, a dit : Quand l'Ecriture peut recevoir plusieurs sens, quand on en trouve un que la raison convainc certainement de fausseté, il ne faut pas s'obstiner à dire que c'en soit le sens naturel, mais en chercher un autre qui s'y accorde. — Le second droit de la raison est d'examiner si certains préceptes donnés, par exemple sur l'intérêt de l'argent, ont été destinés seulement à être appliqués à certaines nations, et pendant un certain temps; ou s'ils on été créés pour tous les temps et pour toutes les nations. » (M. Oudot : Conscience et Science du devoir, t. II, 435)

(2) Corpus juris civilis. Edit. Galisset, 2e partie, p 1208.

suivre, en présence d'une législation qui traitait les débiteurs avec sévérité et qui permettait d'exiger d'eux la centésime: Dès le début donc la question fut posée et dut recevoir des solutions diverses.

On invoquait de part et d'autre les Ecritures et l'Evangile. Les uns rappelaient ces textes que nous avons déjà mentionnés et qui défendaient aux Juifs de prêter à intérêt à leurs frères. « Eh bien, disait-on, si l'usure n'était permise qu'à l'égard des étrangers, aujourd'hui que tous les hommes sont frères, la seule exception admise au principe disparaît et à nul on ne peut prêter à intérêt (1).» Le Christ, lui-même, n'a-t-il pas établi la vérité de ce système lorsqu'il a dit « Mutuum date, nihil inde sperantes (2) ? »

On répondait, non sans quelque raison, que déjà, sous le droit hébraïque, la question était restée douteuse, et que, quant au passage de saint Luc, il ne fallait pas l'interpréter à la lettre; sans quoi il dirait beaucoup plus qu'on ne veut même lui faire dire. Prêter sans espérer de recouvrer *nihil*, pas même le capital, ce serait bien là le comble du désintéressement, et la loi comprendrait dans le même anathème l'usurier et le créancier qui poursuit son débiteur pour obtenir le paiement du principal de la dette. « Les théologiens n'ont pas fait attention que Jésus-Christ s'élève ici bien au-dessus des régions politiques et humaines, que c'est l'idéal de la perfection morale qu'il promulgue, que c'est le sacrifice de soi-même qu'il demande à l'homme régénéré et le renoncement à tous les intérêts temporels qui détournent le cœur de la pensée du Très-Haut. Non-seulement les intérêts et les passions doivent se taire, mais il faut qu'ils soient immolés avec une joie héroïque dans un martyre intérieur. Si donc un chrétien prête à l'autre, que ce ne soit pas avec l'espérance d'une restitution ou d'une réciprocité de service Il n'y a qu'un mérite vulgaire à faire le bien sous l'influence de telles sollicitudes. Mais une âme chré-

(1) Bailly : Tractatus de contractibus. Edit. 1835, p. 306.
(2) Fvang. secund. Lucam, cap. IV, vers. 35.

tienne va bien au delà. Le chrétien doit être prêt à tout perdre, même son capital, comme il sacrifiera son bien sans regret quand un autre l'emportera (1). »

C'est qu'en effet, en les admettant même dans le sens où la doctrine générale voudrait les entendre, ces paroles du Christ : « Mutuum date, nihil inde sperantes » se trouvent au milieu de beaucoup de dispositions de simple conseil, et que nul, que je sache, n'a jusqu'à ce jour proclamées obligatoires : « Omni autem petenti te tribue, et cui aufert quæ tua sunt, ne repetas. » Si l'on prenait ces règles à la lettre, si l'on appliquait à celui qui réclame la chose qu'on lui a volée ces expressions familières aux auteurs chrétiens qui traitent de l'usure : « furtum, latrocinium, rapina, injusta acceptatio, ablatio rei alienæ (2), » le socialisme verrait bientôt tous ses vœux réalisés ; la fameuse devise de M. Proudhon : *La propriété, c'est le vol*, pourrait s'appuyer sur l'Evangile ; et, dans la désorganisation générale des lois et des mœurs, la société ne tarderait pas à disparaître et à s'anéantir.

On oublie trop, d'ailleurs, un autre passage des Evangiles. Je veux parler de cette parabole des talents, dans laquelle Jésus-Christ nous enseigne : « Quod in spiritualibus bonis semper crescere debeamus, ut dignos gratiæ fructus Deo rependere valeamus (3). » L'un des serviteurs du maître a fait fructifier son argent : « Operatus est in talentis et lucratus est ; » l'autre s'est borné à le garder improductif : « Fodit in terra et abscondit pecuniam domini. » Au premier, on décerne des éloges : « Euge ! serve bone et fidelis ; » au second, on adresse des reproches : « Oportuit ergo te committere pecuniam meam nummulariis, ut veniens ego recepissem quod meum est cum usuris (4). » Eût-on tenu ce langage

----

(1) M. Troplong : Commentaire sur le Prêt, p. 247 et 248.
(2) Lactance : Tertullien, etc., passim.
(3) Bouvier : Institutions Theologicæ, 5ᵉ édit., t. VI, p. 412
(4) Saint Mathieu, c. xxv, v. 14 et suiv. ; S. Luc, c. xix, v. 13.

si l'intérêt était illicite, et n'est-ce pas là même la justification de l'usure ?

Qu'on dise, avec des théologiens modernes, que l'intérêt est légitime dans le for intérieur, pourvu qu'on ne l'exige pas des pauvres et qu'on se borne à réclamer des riches une usure modérée, je le comprends parfaitement. On tempère, par la bienveillance et la miséricorde, ce que le droit strict pourrait avoir de rigoureux. Mais, par cela même qu'on le tempère, on en reconnait et on en proclame l'existence. Cette théorie est la seule qui soit en harmonie avec la réalité des choses et l'avenir lui appartient. Si d'abord elle a été présentée par l'hérétique Calvin et par notre grand jurisconsulte Dumoulin, que la persécution religieuse atteignit plus d'une fois : « Molinæus, vir sin hæreticus saltem in fide valde suspectus » (1), elle a pour elle, de nos jours, l'appui de plus d'un théologien catholique; et, pour ne citer que quelques noms entre les plus illustres : c'est celle de La Luzerne (2), de Mastrofini (3), de de La Forêt (4), de Meignot (5) et de Bergier (6).

Quoi qu'il en soit, la thèse contraire triompha évidemment dans le principe. Un phénomène analogue à celui que nous avons signalé dans la législation hébraïque se produisit de nouveau. Les commentateurs et les interprètes furent plus rigoureux et plus sévères que l'auteur de la doctrine qu'ils devaient propager. Tous, conciles et saints pères, sont unanimes pour proscrire le prêt à intérêt. Nous ne pouvons songer à rappeler ici tous les témoignages qui prouvent la vérité de cette assertion. Il nous faudrait énumérer toutes les décisions des conciles, depuis le concile d'Elvire, en 305, jusqu'au concile de Vienne, en 1311 (7). Nous aurions

---

(1) Bailly. loc. cit., p 302.
(2) Dissertations sur le Prêt de commerce, 1823.
(3) Discussion sur l'Usure (1830), traduite en français en 1834.
(4) Traité de l'Usure et de l'Intérêt.
(5) Pratique des Billets.
(6) Dictionnaire théologique. V. Usure.
(7) Arles en 314. — Laodicée — Nicée en 325. — Carthage en 419 —

à reproduire des passages sans nombre, empruntés à ces chefs-d'œuvre d'éloquence, de style et de raisonnement, que nous ont légués ces grands écrivains dont l'Église est si justement fière (1). Nous devrions reproduire les constitutions des souverains pontifes les plus illustres et les plus vénérés, jusqu'aux papes Léon IX et Alexandre III (2).

Arles et 462 — Tours en 461. Orléans en 538. — Worms en 868. — Reims. — Paris. — Latran en 1179.

(1) Saint Basile, saint Grégoire de Nysse, saint Grégoire de Nazianze, saint Chrysostôme, saint Augustin, saint Ambroise, saint Jérôme, etc.

(2) Il faut toutefois reconnaître que jusqu'au xiiᵉ siècle on trouve chez les Pères de l'Eglise des passages assez contradictoires. — Saint Basile, qui déclare que l'usure est une fille maudite de la cupidité et de l'attachement aux biens, nous parle, dans ses Lettres 107, 108 et 109, d'un emprunt contracté par une de ses parentes sous cette condition que, si le paiement était fait à une certaine époque *remitterentur usuræ*. Le terme arrivé, la débitrice ne remplit pas ses engagements. Plus tard, « qui res creditoris heredum procurant, præter sortem usuras, conantur exigere. » (Ep. 109, ad comitem Helladium.) Saint Basile, au nom de la charité, les prie de n'en rien faire. Mais pas un mot n'indique que l'usure soit un crime au yeux de la religion. (Basilii Opera. Edit. 1730, t. III, p. 200-202.)

A l'époque où saint Augustin se demande « an crudelior est qui subtrahit aliquid vel eripit diviti quam qui trucidat pauperem fœnore » (Ep. 152, ad Macedonium. Edit. 1688, t. II, p. 534), saint Jean Chrysostôme écrit : « Si argentum haberes, sub fœnore collocatum, et debitor probus esset, malles certe syngrapham quam aurum filio relinquere, ut inde proventur ipsi esset magnus; nec cogeretur alios quærere ubi posset collocare. » (Ed. 1727, t. VII, p. 660, 66ᵉ homélie sur saint Mathieu.)

Au viᵉ siècle, l'évêque de Verdun, Didier, s'adresse à Théodoric : « Rogo, si pietas tua habet aliquid de pecunia, nobis commodas qua cives nostros relevare valeamus... Pecuniam tuam cum usuris ligitimis reddemus. »

Au xiiᵉ siècle, saint Juette prête à intérêt « ut supercrescenti lucri particeps esset, sicut multi et honesti secundum seculum viri idem facere consueverant, licet non absque peccati... » Et le bon chanoine de Floreffe, le Prémontré Hugues, ajoute : « Quod tamen peccatum quamvis modo quam grave et grande sit evidenter apparet, tunc tamen temporis aut omnino veniale æstimabatur, aut nullum. » (Bollandus : Acta sanctorum 13ᵃ die januarii, de B. Juetta, cap. ix, nᵒ 26. Edit. de 1643, t. I, p. 808, col. 1, ad finem.) Je ne cite que quelques témoignages des plus frappants, et je ne crois pas que la

Je mentionne toutes ces autorités, quoiqu'elles soient hostiles à la conclusion qui a obtenu mes préférences, parce que la cour de Rome elle-même parait aujourd'hui quitter ces traditions pour

distinction entre l'usure modérée et l'usure excessive puisse concilier l'anti-nomie qui existe entre ces divers faits et les décisions des conciles, lorsque nous voyons l'usure définie par saint Ambroise : « Quodcumque sorti ad crescit; » par d'autres : « Ubi amplius requiritur quàm datur.

Aussi quelques historiens, et notamment M. Aubépin (Revue historique, 1859, p. 137) et M. Marin Darbel (l'Usure, sa définition, p. 107), en ont tiré cette conclusion que la défense faite aux laïques de prêter à intérêt est con-temporaine du xiii° siècle. Les dispositions antérieures s'appliqueraient aux clercs, et ce serait seulement dans le cas d'usure oppressive que l'Eglise eût sévi contre un laïque.

Cette opinion ne me parait pas fondée, et je crois, pour ma part, que la pro-bibition s'adressant aux laïques est de beaucoup plus ancienne. Je la crois même antérieure à saint-Léon, auquel M. d'Espinay en reporte l'initiative. (De l'In-fluence du Droit canonique sur la Législation française, p. 102.) — Remar-quons d'abord que l'opinion contraire repose uniquement sur un argument *à contrario*. Les arguments de cette classe sont souvent périlleux; et, pour mon-trer combien celui qui nous occupe actuellement est défectueux, j'emprunterai une réponse à Benoît XIV, qui, dans sa constitution restée fameuse sous le nom de *Vix pervenit*, a proclamé avec tant d'autorité les traditions de l'Eglise sur notre sujet (Gousset : Théologie morale. 3° édit., t. Ier, p. 568 ; — Marin Darbel, loc. cit., p. 364) : « Si argumentum quod ex illis canonibus instaurant quidquam haberet roboris et efficacitatis probaret etiam fornicationes et adul-teria esse laicis permissa, quia plerique canones in solos clericos fornicarios et adulteros, nulla facta laicorum mentione animadvertunt. Quæ sane argumen-tatio inepta et ridicula foret. Novum quippe non est Ecclesiam severius in clericis punire delic a quæ etiam in laicis exsecratur; et ad rem apposite monuit concilium Carthaginiense, 1, can. 13 : Quod in laicis reprehenditur, id multo magis in clericis oportet prædamnari. » (De Synodo diocæsana, l. X, cap. iv, n° 8. Edit. 1823, t. II, p. 509.) — Mais nous pouvons, en outre, in-voquer un texte formel, consigné dans les actes du Concile d'Elvire, en 305, et qui nous semble décisif : « Si quis laicus accepisse probatur usuras, et pro-miserit correctus jam cessaturum nec ulterius exacturum, placuit ei veniam tribui. Si vero in ea iniquitate duraverit, ab Ecclesia esse projiciendum... » Est-ce là sérieusement le langage que tiendrait l'Eglise, si elle n'embrassait dans le même anathème les usuriers, quels qu'ils soient, clercs ou laïques?

Mais, à partir du xiii° siècle, jusqu'à l'époque de la Réforme, nous voyons tous les docteurs unanimes dans leurs malédictions contre l'usure. Saint Thomas avait dit : « Dicendum quod accipere usuram pro pæcunia mutuata arriver à une doctrine plus conforme à la vérité et aux saines notions de l'économie politique.

La société du moyen âge paraît avoir accepté sans trop de répugnance et de protestations les défenses de l'Église qui faisaient sentir leur influence sur la législation civile; et l'on admit alors, comme un axiome incontestable, que l'intérêt de l'argent est de sa nature illégitime.

Mais le monde ne reste pas stationnaire Dans sa marche progressive, des éléments nouveaux que l'on n'avait pas soupçonnés apparaissent et viennent dérouter toutes les combinaisons des siècles antérieurs. — L'industrie et le commerce, qui, sous la puissante initiative de Charlemagne, s'étaient rapidement développés, pour disparaître sous ses successeurs, ne tardèrent pas à refleurir après les Croisades. Ces brillantes expéditions, dont la

est secundum se injustuum, quia venditur id quod non est, per quol manifeste Inæqualitas constituitur, quæ justiæ contrariatur. » (Summa theologica, Tᵃ, 2ᵃᵉ, quæst. 78, art. 1ᵉʳ. Ed. 1570, t. XI, 2ᵉ partie, fᵒ 181. V. litt. E.)

Telle était aussi l'opinion de l'illustre adversaire de saint Thomas, le docteur subtil Duns Scott. — Cette unanimité est même attestée par ceux qui aujourd'hui enseignent que le prêt à intérêt est licite. « Il est certain, dit le cardinal de la Luzerne, que, depuis le XIIIᵉ siècle, on a regardé tout intérêt perçu en vertu du *mutuum* comme usure; que l'unanimité des théologiens l'a condamné sans distinction d'usure oppressive et non oppressive ; que le nombre des docteurs catholiques qui ont voulu faire cette distinction est trop peu considérable pour rompre l'unanimité. » — Et ce n'est plus seulement le prêt à intérêt direct qui tombe sous la prohibition, c'est l'antichrèse, qui, au Xᵉ siècle, était pratiquée ouvertement dans un contrat entre l'abbaye de Saint-Riquier et l'évêque de Liége (Chronicon Centulense, lib. III, cap. XXIII et XXX; lib. IV, cap. III, V, VI, VII) ; c'est la vente à terme à des conditions plus onéreuses que la vente au comptant; c'est la vente à réméré, lorsque le prix de la revente est plus considérable que celui de première transmission ; en un mot, tous les contrats qui peuvent dissimuler un prêt à intérêt; et cette sévérité va toujours croissant avec l'appui du pouvoir séculier et des pontifes Urbain III, Innocent III, Grégoire XI, Grégoire XIII, Boniface VIII, Alexandre VII et Innocent XI. (Décrétales de Grégoire IX, liv. III, t. XXI, chap. VI; — liv. V, t. XIX, chap. VI ; — liv. III, t. XXI, chap. IV. — Décrétales d'Innocent III, liv. V, t. XIX, chap. VIII.)

chrétienté ne retira pas tous les avantages qu'elle avait espérés, eurent au moins le mérite de mettre en relation l'Europe avec l'Asie, de contribuer au puissant développement de la marine et de favoriser à l'extérieur les transactions commerciales. — Les franchises des communes, l'esprit d'association qui inspirait les classes laborieuses, l'établissement de foires où les marchands de tous pays accouraient, à des époques périodiques, pour liquider leurs comptes, voilà encore autant d'éléments qui exerçaient une influence incontestable sur les progrès du commerce intérieur.

Tout cela, cependant, serait demeuré inutile et sans effet si l'on se fût incliné devant les censures ecclésiastiques; on chercha donc, non pas à les heurter de front, mais à les éluder. Le contrat de change, les constitutions de rentes, l'antichrèse, tels furent les moyens qu'on employa d'abord pour se soustraire aux prohibitions qui menaçaient d'écraser le commerce. — Les parlements eux-mêmes cédaient au nouveau courant d'idées que des faits inattendus inspiraient à tous. Les découvertes des navigateurs du xve et du xvie siècle avaient fait abonder sur nos marchés les précieux métaux que la terre vierge de l'Amérique versait avec profusion. Le prêt à intérêt, appuyé par les faits, commençait à se montrer sans détour, et les magistrats ne s'armaient plus, pour le repousser, des rigueurs de la loi (1); eux pourtant, ces antiques gardiens des priviléges de l'Église! Bossuet le leur reproche, non sans quelque amertume : « L'ordonnance défend toute usure, avec une sévérité qui fait bien voir qu'elle a cru suivre, en cela, la loi de Dieu. Il faut espérer que les parlements, s'il est vrai qu'ils

(1) Il fut jugé à Tours en 1593, qu'en présentant requête aux juges pour le bien des mineurs, on pouvait prêter à intérêt les deniers pupillaires, autrement que par constitution de rente. (Peleus : Actiones forenses, liv. V, act. 55. — Questions illustres, question 12) C'était une dérogation formelle à l'ordonnance d'Orléans, art. 102. — Le 4 janvier 1607, la grand'chambre convertit en rente constituée une obligation de prêt à intérêt qui n'aurait dû produire aucun effet. (Peleus : Actiones forenses, liv. V, action 42.)

aient, comme les auteurs le prétendent, des maximes contraires,
prendront, à la fin, l'esprit commun de la loi, et cela arrivera in-
failliblement, pourvu qu'on n'établisse point de jugements sur des
coutumes que l'intérêt seul a établies et qu'on entre, comme il convient à d'humbles enfants de l'Église, dans l'esprit de la tradition,
seule interprète de la loi de Dieu (1). »

Les espérances de Bossuet ne seront pas réalisées : les économistes viendront justifier et victorieusement établir les théories
nouvelles. Ils soutiendront et ils prouveront qu'il n'est pas plus
illicite de prêter son argent moyennant intérêt que de louer son
champ moyennant redevance. Et alors, écrasés d'une part par
l'évidence des faits, arrêtés, d'autre part, par la règle inexorable
qu'ils ont édictée, les théologiens, pour mettre d'accord le fait
avec le droit, imagineront ces subtilités désespérantes, ou, pour
me servir de l'expression de Dumoulin, ces misérables sophis-
teries qui formeront bientôt des armes si terribles à la verve im-
pitoyable du satirique de Port-Royal. — Les mots barbares :
*damnum emergens, lucrum cessans, periculum sortis, mo-
hatra, trinus contractus*, cachant tous des violations du principe
sévère posé par les pontifes, jouèrent alors un grand rôle dans
le monde. Nous ne nous arrêterons pas à les définir et à les com-
menter (2). Qu'il nous suffise de déclarer que la prohibition n'existait plus que de nom ; qu'il n'était pas un seul cas que l'on ne pût
faire rentrer dans les classifications admises et qu'il suffirait un
jour d'introduire le titre légal (*titulus legis civilis*) pour que
l'on pût proclamer hardiment, sans crainte de rencontrer un dé-
menti, que, malgré sa phraséologie, l'Eglise permettait le prêt à
intérêt.

(1) Bossuet : Traité de l'Usure. Edit. Mellier, 1851. t. XIX, 551.

(2) Pour les développements, consulter : Bouvier : Institutiones theologicæ.
5e édit , t. VI, p. 433 et suiv.; — Gousset : Théologie morale 3e édit., t. Ier,
p. 396 et suiv.; — Gury : Compendium theologiæ moralis. 10e édit , 1850,
t. Ier, p. 666 et suiv.

Les choses en étaient à ce point lorsque parurent les lois révolutionnaires qui autorisaient le prêt à intérêt. Les membres du clergé s'émurent à la pensée de sanctionner par leur adhésion, une législation qui, par sa formule au moins, heurtait toutes les idées reçues jusqu'alors. Ils s'adressèrent à Rome, et on les renvoya à l'Encyclique de Benoît XIV. Puis, les nouvelles théories progressant chaque jour, Pie VII et la Sacrée Pénitencerie proclamèrent que ceux qui professaient que le prêt à intérêt est chose licite ne devaient pas être inquiétés : « Non esse inquietandos quousque sancta sedes definitivam decisionem emiserit, cui parati sint se subjicere (1). »

Et quant à ces réserves, il y a tout lieu d'espérer que l'Église qui ne se roidit jamais contre l'évidence et qui ne s'est jamais longtemps obstinée à admettre comme vrai ce dont on lui démontrait la fausseté, éclairée par l'étude de l'économie politique et par l'expérience, ne reviendra point sur une décision qu'elle a rendue. J'invoque le témoignage d'un des partisans les plus convaincus de l'illégitimité de l'intérêt, d'un de ceux qui ont poussé la rigueur jusqu'à ses extrêmes limites, Mgr Bouvier, qui, dans les derniers temps de son existence, se voyant forcé de tolérer ce qu'il avait toujours combattu, écrivait ces quelques lignes, que nous recueillons avec bonheur, et qui termineront notre courte digression sur la législation canonique : « Qui consuetam agendi rationem Ecclesiæ romanæ norunt, persuasum habere debent sanctam sedem contrarias decisiones nunquam edituram. His omnibus momentis ductus, firmiter persuasum habeo lucrum lege taxatum ex mutuo, caritate non debitum, nunc prohibendum non esse, ac timoratos sapienter esse dirigendos, ne ex sua simplicitate, et nimia confessarii rigidate, detrimentum patiantur (2). »

(1) 16 août 1830 et 16 septembre 1830.
(2) Appendice au Traité des Contrats.

V

Si l'influence du droit canonique sur la formation de notre législation française fut très-grande, cependant, elle ne s'exerça que progressivement. Les théologiens, admis alors dans les conseils des rois, songèrent avant tout à moraliser la famille, à la débarrasser de ces institutions parasites qui nuisaient à sa dignité et à son indépendance. On toléra d'abord les prêts à intérêt pour combattre plus énergiquement le concubinat, le divorce et l'esclavage. On s'inclina, au moins pour un temps, devant une constitution de Constantin qui défendait, sous peine de perdre le capital, d'exiger plus que la centésime (1) et on laissa passer la loi des Wisigoths, qui permettait d'exiger un sou pour huit sous, ou douze et demi pour cent (2).

Mais lorsque le christianisme fut assuré de son empire, lorsqu'il domina les peuples et les souverains, au point de disposer à son gré des couronnes des princes et d'affranchir les sujets en frappant le seigneur d'excommunication, il provoqua de nombreux capitulaires, défendant aux clercs et aux laïques de prêter à intérêt (3) : « Prohibèmus ut nemo usuram facere praesumat, post episcopi sui constitutionem ». Ceux qui ne tiendront pas compte de l'avertissement de l'évêque tomberont sous le coup de post la juridiction du comte : « Quod si quis ejus interdictum facerepraesumpserit, a comitibus praeceptum est ut distingatur (4). » Les corporations, les supérieurs ecclésiastiques, les seigneurs

(1) Code Théodosien, l. II, t. XXXII, c. 1.

(2) L. V, t. V, c. VIII.

(3) Capitulaire de Charlemagne, en 789, c. V et XXXI — Capitulaire de Charlemagne, en 813, l. V, c. 38. — Capitulaire de Louis le Débonnaire, en 810. — Capitulaire d'Olonne, en 886, c. V.

(4) Capitulaire de Lothaire, en 840.

laïques devront expulser du pays tous les usuriers (1) ; les juges ne pourront condamner les débiteurs (2), et le testament de l'usurier sera frappé de nullité (3).

Les populations du Midi, plus étroitement attachées au Droit romain et aux souvenirs qu'il éveillait, protestèrent contre cet excès de sévérité. Elles eurent recours d'abord à des moyens détournés. Mais quand les collections de Justinien eurent pénétré en France, on se familiarisa promptement avec ce contrat si fréquent dans la législation romaine. Le recueil connu sous le nom de *Petri Exceptiones* nous parle du taux de douze, de seize, de cinquante, de soixante-six pour cent, comme étant en vigueur au xie siècle (4). Les constitutions d'Aix permettent aux Juifs de prêter à vingt-cinq pour cent, et les statuts de Berenger, pour la Provence, ne soumettent à une pénalité que l'usurier qui réclame plus de quatre-vingts pour cent.

L'Eglise ne cesse pas cependant de protester, et sous la menace des anathèmes qu'elle dirige contre ceux qui prêtent à intérêt, beaucoup s'abstiennent, abandonnant ainsi une puissante source de richesse à une classe d'hommes que la société d'alors réprouve et banⁱⁱ de son sein : « Habere rem cum Judæo à Christiano est rem habere cum cane (5). »

Dans le nord de la France, les populations, moins actives et moins commerçantes, paraissent avoir accepté d'abord avec une assez grande résignation les prohibitions canoniques et les capitulaires qui les sanctionnaient. Mais lorsque, au xiiie siècle, l'étude du droit romain se généralisa et pénétra dans les pays coutumiers, le prêt à intérêt, qu'Ulpien et Papinien avaient sans cesse admis

(1) Concile de Lyon, en 1274, c. xxvi.

(2) Concile de Lavaur, en 1368, c. cxx.

(3) Concile de Ravenne, en 1317, R. 13.

(4) Petri Exceptiones Legum romanarum, lib. II, cap. xxxii.

(5) Ducange : Glossarium, v. Judæl.

dans leurs immortelles compositions, apparut moins odieux et les jurisconsultes ne le condamnèrent plus aussi sévèrement. L'Eglise redoubla ses rigueurs et le pouvoir temporel vint à son aide pour appuyer son action. — On se défie des juristes. Ce n'est pas eux qu'il faut consulter, dit Henri de Gand, pour savoir si le prêt à intérêt est licite ou injuste : ce sont les théologiens et les philoso-phes. — Et on enlève l'examen des contrats usuraires aux juri-dictions civiles pour charger de ce soin les juridictions ecclésias-tiques. « La connaissance de l'usure appartient à la cour de chré-tienté, » disait Beaumanoir.

En présence de ces sévérités, le commerce languissait et les peuples commençaient à se plaindre. Aussi, quand l'hérésie des Cathares ou Albigeois vint troubler l'unité religieuse de la France, les riches bourgeois des municipes du Midi la saluèrent de leurs acclamations et s'empressèrent de se constituer les disciples d'une doctrine qui les affranchissait de la crainte des censures ecclésias-tiques et détruisait le seul frein qui pût les empêcher d'exploiter par l'usure les populations (1).

A dater de cette époque, nous rencontrons, en effet, le mono-pole du prêt à intérêt entre les mains de casseniers juifs, lombards et caoriens, tous se souciant peu des prohibitions ecclésiastiques et tolérés par les souverains qui, de temps à autre, les rançonnaient et les pillaient. Le pieux roi Saint-Louis ne les traitait lui-même que d'une façon très-cruelle, et le bon sénéchal de Champagne nous a conservé un discours qui prouve comment il fallait, au gré du roi, discuter avec ces races impies : « Nul, s'il n'est grand clerc ou théologien parfait, ne doit disputer aux Juifs ; mais, dit l'homme loy, quand il ouit médire de la foi chrétienne, défendre la chose, non pas seulement de paroles, mais à bonne épée tranchante, et en frapper les mécréants et médisants à travers le corps tant qu'elle y pourra entrer. »

(1) Du Cellier : Histoire des Classes laborieuses en France. 1860, p. 122.

Le jour vint même où le roi voulut purger son royaume de la présence impure de ces infâmes usuriers. Les conseillers du prince s'émeuvent et lui exposent que les peuples ne peuvent vivre sans prêteurs : « Quod populus vivere non poterat sine mutuo ; et melius esse dicebant, » ajoute Scaccia, « et tolerabilius quod Judæi, qui jam damnati sunt, hujus damnationis exerceant officium, quam aliqui Christiani qui ex hac occasione etiam majoribus usuris populum opprimebant. »

L'usure est nécessaire, mais celui qui s'y livre encourt la damnation éternelle. Les Juifs sont déjà damnés. Réservons-les donc pour le commerce de l'argent, au lieu d'y sacrifier de malheureux Chrétiens.

Mais les princes leur firent souvent payer bien cher ce privilége qu'ils leur accordaient, et à la perspective de la damnation à venir, ils ajoutaient souvent pour les usuriers le spectacle de la ruine présente. Notre histoire normande en fournit la preuve la plus caractéristique. Sous le roi Jean-sans-Terre, tous les principaux seigneurs normands étaient réduits à un tel état de misère, qu'ils durent recourir aux usuriers pour se procurer quelque argent. Lorsque le moment vint de remplir leurs engagements, leur détresse était encore plus grande, et bien loin qu'ils pussent rembourser leurs prêteurs, ils allaient recourir à de nouveaux emprunts. Le roi, à bout d'expédients, ne sachant plus comment payer leurs services, trouva moyen de tout concilier en ne maltraitant que les prêteurs. « Il se substitua au droit de ces derniers, et récompensa ses fidèles serviteurs en leur remettant tout ou partie des dettes usuraires que les Juifs leur avaient fait contracter (1).

On aurait trouvé un moyen de tirer des Juifs un parti plus avantageux que celui proposé par Saint-Louis. Les tuer ne rap-

---

(1) Léopold Delisle : Etudes sur la condition de la classe agricole en Normandie, au moyen âge. 1851, p. 196.

portait rien, il valait mieux les piller. « Ce fut alors un curieux spectacle que de voir les pouvoirs publics de ce temps-là flétrir l'usure et en profiter, poursuivre les Juifs, mais principalément pour les contraindre à souffrir un partage régulier de leur gain. Un Juif produisait tant par an ou par trimestre à son seigneur, et les Juifs, considérés comme instruments de production, devinrent prèsque aussitôt des sujets de vente et d'échange. On s'intentait des procès pour réclamer la propriété de tel ou tel Juif, relevant de tel ou tel domaine (1).

Malgré ces poursuites tyranniques contre la nation juive, l'argent abondait de toutes parts entre ses mains. Séduits par le désir de conquérir aussi de grandes richesses et de ne pas laisser à un peuple proscrit ces immenses avantages, des chrétiens et même des dignitaires ecclésiastiques, sans s'inquiéter de la sévérité des canons, se livrèrent au commerce de l'argent. Ils eurent recours d'abord à des constitutions de rente que la pratique admit et

(1) M. Prévost-Paradol : Journal des Débats, 12 octobre 1860. — V. encore : Sur la Condition des Juifs à cette époque et sur les mesures législatives prises contre eux; M. Dareste de la Chavanne : Histoire de l'administration en France, t. II, p. 166. — Les Etablissements et Coutumes de Normandie, au xiii° siècle, renferment la disposition suivante : « Se aucuns userier muert, et il est ataluz par le serement de XII de ses voisins que il ait maintenu usure dedanz l'an et le jôr que il muert, il dus aura toz ses chatiex : en qui terre que il userier manigne, sa fame ne si emfant n'auront riens de ses chatex, ne li provoire plus ; mes li héritages remaindra à la fame et as emfanz. » (Mamier : Etablissements et Coutumes. 1830, p. 34.) — Ce droit de dévolution des meubles au duc, au détriment de la femme, des enfants et du clergé, paraît avoir été plus tard étendu à tous les biens de l'usurier : « Ils dis'rent que l'userier que tandis comme il est et lit de la maladie, se il départ aucune chose de sa main, ce est estable ; et après sa mort, tout sera le roi, se il puet estre prové que il oit presté à usure dedanz l'an que il morut. » (Mamier, loc. cit., p. 82.) — Peut-être, dans l'espèce, la fortune de l'usurier était-elle complétement mobilière? — Nous retrouvons, en effet, une décision de l'Echiquier de Normandie, rendue à Rouen au temps de Pâques de l'année 1233, qui ne parle que de chatel (effets mobiliers. (Mamier : Arrêts de l'Echiquier de Normandie, loc. cit., p. 161.)

valida; ils obtinrent ensuite que les parlements traitassent sans sévérité les contrats usuraires. — Puis, les princes souverains réglementèrent ce trafic, que la réforme développait encore, et des officiers royaux furent chargés de surveiller les prêteurs. Surveillance qui nous paraît bien inutile si l'on songe à certaines ordonnances, dont une notamment, émanant de Charles V, autorise le taux de quatre deniers par semaine, par livre et sur gage: près de quatre-vingt-sept pour cent (1).

Les rois eux-mêmes encouragèrent cette pratique, en contractant des emprunts. En 1662, Louis XIV empruntait cinq millions au denier de dix-huit pour solder l'acquisition de Dunkerque (2); et qui ne sait que, dans les dernières années du grand roi, notre pays voyait ses richesses abandonnées en paiement aux banquiers de Gênes et aux traitants de France?

Mais ce fut surtout au XVIIIe siècle que la fièvre des spéculations, développée par les paroles mensongères du financier Law, prit tout à coup des proportions véritablement surprenantes. « Le clergé ne sut pas échapper à cette contagion. La noblesse aurait dû l'éviter, par le goût des grandeurs chevaleresques qui avait fait sa g'oire et maintenu sa puissance; le clergé avait contre elle un rempart beaucoup plus solide, puisque c'était Dieu lui-même qui l'avait élevé, et qui y avait mis pour le fortifier l'humilité, l'indigence, le mépris des biens terrestres... La bourgeoisie, qui s'était formée par le travail, la patience, l'économie, subit elle aussi l'influence de la corruption (1). » Suivant l'expression de Massillon, « la fureur du jeu était déchaînée. » La grande voix de Daguesseau ne pouvait plus contenir l'orage; la digue se brisait. Encore quelques années et Turgot pourra dire: « La rigidité des lois a

(1) Ordonnances (collection du Louvre), t. V, p. 403 et 404.

(2) Mémoire autographe de Colbert, cité par M. Chéruel, Histoire de l'administration monarchique en France, t. II, p. 101 et 102.

(1) M. Oscar de Vallée : Les Manieurs d'argent, 4e édit., p. 106 et 107.

cédé à la force des choses... Il en sera toujours ainsi, toutes les fois que la loi défendra ce que la nature des choses rend nécessaire. » Encore quelques années et, sur les instances énergiques des économistes les plus distingués, la législation permettra le prêt à intérêt ! Grande et puissante révolution que la Constituante devra réaliser !

Après les luttes fameuses qui signalèrent ses premiers jours, l'Assemblée nationale était à peine réunie, que Pétion de Villeneuve proposait une motion tendant à autoriser le prêt à intérêt et à temps. Quelques représentants de l'ordre du clergé s'émurent, et virent dans cette proposition une attaque contre la morale de la religion et les principes de la loi naturelle. Mais un député, dont le nom est resté obscur, l'abbé Gouttes, remit en lumière, avec un grand bonheur, les principes économiques et même théologiques de la question : « Rien ne produit rien, dit le Seigneur ; mais l'argent est la semence du commerce, comme le grain est la semence du blé. »

Et le célèbre abbé Maury, reprenant cette idée, ajoutait : « Nulle puissance ne peut conserver son rang parmi les nations sans le commerce, et le commerce ne peut exister sans le prêt à temps et à intérêt. Cette question n'en est pas une de religion, mais de politique (1). »

Aussi, le 3 octobre 1789, l'Assemblée nationale formula en ces termes le résultat de ses délibérations : L'Assemblée nationale décrète que tous particuliers, corps, communautés et gens de main-morte, pourront, à l'avenir, prêter de l'argent à terme fixe, avec stipulation d'intérêt suivant le taux déterminé par la loi, sans entendre rien innover dans les usages des différentes places de commerce.

Quelques députés tenaient même pour inutile la fixation d'un taux légal : « On peut proposer de rendre l'argent commerçable, disait Pétion de Villeneuve ; la concurrence en diminuera le

(1) Réimpression de l'ancien Moniteur, n° 67, t. II, p. 4 et 5.

prix. » Et Target s'écriait : « Éloignez toute fixation de taux et tenez-vous-en aux conventions particulières. » La révolution suivit ces conseils. Dans sa législation variable sur le commerce de l'argent, la liberté fut la règle des conventions, et aucune loi ne limita le taux de l'intérêt. Le Code Napoléon garda le même silence, et ce ne fut que dans le projet de code de commerce qu'apparut la première idée d'une fixation légale.

L'article 71 déclarait que le taux de l'intérêt se constaterait comme le cours des marchandises.

La loi du 3 septembre 1807 réalisa cette innovation. Le Corps législatif, après avoir entendu un exposé de motifs fait par le conseiller d'État Jaubert et un brillant rapport du tribun Goupil-Préfeln (1), décida que l'intérêt conventionnel ne pourrait excéder, en matière civile, cinq pour cent, et, en matière commerciale, six pour cent.

Tel est encore aujourd'hui la législation qui nous régit. Cette loi de 1807, qui, dans la pensée même de ses rédacteurs, ne devait avoir qu'une existence temporaire, a vécu plus d'un demi-siècle (2) ! Subsistera-t-elle encore longtemps ? C'est ce que nous ne saurions dire; mais, en présence des attaques presque violentes qui, chaque jour, la battent en brèche, en face des manifestations qui éclatent au sein même de nos grandes assemblées, au lendemain surtout de ce remarquable travail qu'un éminent juriste a soumis au sénat (3), et qui tend à l'abolition partielle de l'œuvre

(1) Locré : Législation civile, t. XV, p. 66 et 77.

(2) Je ne parle que pour mémoire d'un décret rendu au milieu des désastres qui signalèrent la chute de l'Empire. Le 18 janvier 1814, l'Empereur décréta : « La disposition de la loi du 3 septembre 1807... sera suspendue, à partir de la publication du présent décret, jusqu'au 1er janvier 1815.

« Les prêteurs et les emprunteurs auront, pendant cet espace de temps, la liberté de déterminer, par les contrats ou autres actes, la quotité de l'intérêt. »

(3) Rapport fait au Sénat, au nom de la Commission des pétitions, par M. le sénateur Bonjean.

des législateurs de 1807, il est permis de croire que l'heure sonnera bientôt où une nouvelle tentative sera faite en faveur de la liberté du crédit. Et plaise à Dieu que l'épreuve réussisse, et tourne au plus grand avantage de la richesse publique.

DROIT ROMAIN

———

Après avoir parcouru rapidement les notions que l'économie politique nous fournit sur l'intérêt de l'argent, après avoir succinctement esquissé les phases diverses que cette question a traversées chez les divers peuples depuis les temps les plus reculés jusqu'à nos jours, nous devons maintenant étudier les législations positives qui ont réglé cette question des intérêts, soit en Droit romain, soit en Droit français.

Nous aurons donc à voir d'abord en Droit romain puis en Droit français :

1° En vertu de quelles causes des intérêts peuvent être dus.

2° Quelles sont les choses qui sont susceptibles de produire des intérêts.

EN VERTU DE QUELLES CAUSES DES INTÉRÊTS PEUVENT ÊTRE DUS.

Les intérêts peuvent être dus, soit en vertu d'une convention ; ce sont les intérêts conventionnels : soit sans convention, c'est-à-dire à cause de la demeure du débiteur; ce sont les intérêts moratoires. Enfin, des intérêts peuvent être dus en vertu d'un privilége accordé au créancier. Nous étudierons, en dernier lieu, la question des intérêts judiciaires.

1. *Intérêts conventionnels.*

Ici, la cause productive d'obligations par excellence c'est le contrat : mais quelquefois aussi le pacte pouvait produire des intérêts.

Le contrat revêtait ordinairement la forme d'une stipulation. Cette stipulation pouvait toujours s'effectuer, soit que la dette principale résultât elle-même d'une stipulation, avec ou sans prêt, ou d'un prêt sans stipulation, ou de tout autre acte obligatoire. Mais le cas le plus fréquent était celui où l'obligation principale et celle des intérêts reposaient l'une et l'autre sur une stipulation ayant de l'argent pour objet, sans qu'il y eût à distinguer si ces deux obligations résultaient d'un même contrat ou de deux contrats : dans les deux cas, en effet, il y avait deux stipulations d'espèce différente, l'une *certa*, touchant le capital, l'autre *incerta*, touchant les intérêts (Dig. 45, I. LXXV, § 9 et Dig. 13, 4, 8.) Celle du capital était *certa*, puisque ce capital était déterminé et fixé invariablement : celle des intérêts était *incerta*, au contraire, puisqu'on ne savait pas combien il y aurait d'intérêts échus. A la première, correspondait une *condictio certi*; à la seconde, une *condictio incerti* (Gaïus. IV, § 53).

Si, au contraire, les intérêts sont dus en vertu d'un pacte, il faudra distinguer alors si la dette principale a pour cause un contrat de bonne foi ou un contrat de droit strict.

Dans les contrats de bonne foi, on pourra ajouter un pacte duquel résultera une action pour demander les intérêts, et cette action sera la même que celle qui est née du contrat. (Dig. 22, I. XVII, § 4 et 16, 3, 24 et 26, § 51.)

Mais, dans les contrats *stricti juris*, on ne pouvait, d'après la rigueur des principes, demander des intérêts en vertu d'un pacte, même fait *in continenti*; cependant, on avait fait un peu fléchir cette rigueur, et on avait admis que le pacte *in continenti* serait efficace et produirait la *condicti incerti*, comme s'il y avait eu une stipulation expresse sur les intérêts. Cette dérogation aux anciens principes était fondée sur cette fiction, que le pacte devait être censé fait avant que les paroles solennelles de la stipulation n'eussent été prononcées.

Quant au *mutuum*, bien qu'il fût de principe qu'on pouvait y ajouter tout ce qui était susceptible de figurer dans une stipulation, (Dig. 12, l. VII.), on n'avait cependant pas admis la même extension, au moins pour le prêt d'argent. Cela tenait, non pas à la nature de ce contrat, mais à l'action qu'il engendrait. En effet, la seule action qui pût résulter du *mutuum* d'argent était une *conditio certi* où l'*intentio* devait nécessairement exprimer une somme déterminée qu'il fallait exactement reproduire dans la *condemnatio* : le juge ne pouvait donc pas ajouter les intérêts promis. (Dig. 19, 5, 24 et 12 l. XI, § 1.) (Code 4, 32. 3. et 7.) Néanmoins, ce pacte, ajouté au *mutuum*, n'était pas destitué de tout effet; il engendrait une obligation naturelle. (Dig. 46, 3, 5, § 2.)

Bien que le *mutuum* de grains ou d'autres denrées fût d'une nature absolument semblable à celle du prêt d'argent, on s'était cependant montré moins rigoureux, et des intérêts pouvaient être dûs en vertu d'un simple pacte (C. 4, 32, 12 et 23.) La raison en est dans la variation du prix des denrées, qui peut varier avec les saisons et les lieux, mais surtout dans cette circonstance, que la *condictio incerti*, qui était donnée dans ce cas-là, laissait au juge la faculté de comprendre les intérêts dans le jugement.

Il était quelques autres cas exceptionnels dans lesquels des intérêts pouvaient être demandés en vertu d'un simple pacte : tels étaient le prêt fait par un *argentarius*, ou banquier, ou par une ville, le prêt à la grosse, ou *nauticum fœnus*, On décidait même que, quand le pacte était fortifié par une hypothèque, le créancier pouvait, dans tous les cas, réclamer des intérêts par voix de rétention. (Dig. l. V, § 2. De Usuris.)

Enfin, à la stipulation et au pacte, il faut joindre le testament. Un disposant pouvait, en effet, obliger son légataire à payer les intérêts d'une créance.

Mais, dans toutes les circonstances où un débiteur avait payé des intérêts en vertu d'un pacte non obligatoire, il ne pouvait pas, plus tard, agir en répétition, parce que l'on présumait que ces intérêts avaient été réellement stipulés. (Dig, 22, l. VI.)

Il nous reste à voir à quelles conditions étaient soumises les stipulations d'intérêts conventionnels. Ces conditions étaient que le taux fût fixé et qu'il n'excédât pas le taux légitime. C'est ce que nous apprend Ulpien. (Dig. 22. l. XXXI et 22, l. XLI, § 2.) Justinien, dans sa Novelle 136, accorda aux banquiers le privilége de pouvoir exiger des intérêts à huit pour cent, bien qu'aucune convention ne fût intervenue à cet égard.

On a vu, dans notre introduction, toutes les questions qu'a soulevées la fixation du taux légitime de l'intérêt à Rome, et auxquelles Justinien vint enfin mettre un terme; il serait donc oiseux d'y revenir ici. Disons toutefois que les intérêts n'excédaient pas le taux légal, quelque élevés qu'ils fussent, lorsqu'il y avait antichrèse ; et cette exception avait été admise à cause de l'incertitude des fruits ; car si le créancier a l'avantage de percevoir une grande quantité de fruits en échange de ses intérêts, il peut aussi arriver qu'il ne touche rien. (Code 4, 32, 17 et 14.) Tout ici est donc aléatoire.

L'intérêt pouvait excéder le taux légal lorsque c'étaient des fruits qui avaient été prêtés en nature. (Code 4, 32, 23.) Constantin avait restreint au tiers des fruits l'intérêt que l'on pourrait en retirer, lorsque le prêt aurait été fait à des personnes malheureuses. (Code Théod. 2, 33, l. De Usuris.) Enfin, Justinien, par sa novelle 32, défendit de retirer des fruits, un intérêt qui dépasserait l'intérêt légitime.

Quand les intérêts stipulés dépassent le taux légitime, ils doivent être réduits à ce taux, (Dig. 22, 1. XXIX), à moins que le prêt n'ait été fait à des cultivateurs, auquel cas le créancier trop avide perdrait toute sa créance. (Nov. 32 et 34.) Les intérêts excessifs n'étaient pas dus, même naturellement. (Code. 4, 35, 19.) D'où cette conséquence, que les gages ne pouvaient être retenus et que les cautions n'en sont pas tenues; et même, s'ils ont été payés, on pourra les répéter par la *condictio indebiti.* (Dig. 12, 6, 26, § I.)

Il n'était pas même permis d'exiger des intérêts exagérés à titre de clause pénale pour le cas de non-payement du principal. Ici encore on les aurait ramenés au taux légal.

Les intérêts conventionnels courent du jour de la convention, à moins de stipulation contraire, et ils continuent à courir jusqu'à ce que le créancier ait été payé. Mais comme la consignation du capital, légitimement faite, tient lieu de paiement, il s'ensuit qu'elle arrête le cours des intérêts. Les seules offres sans consignation n'auraient pas le même effet. Pour être efficace, la consignation doit être légale et régulière, c'est-à-dire comprendre intégralement la somme due : ainsi, la consignation d'une partie de la dette ne suspend pas même les intérêts de la partie consignée, à moins que le débiteur n'eût le droit de faire des payements partiels. (Dig. 22, 1. XLI, § I.)

Le cours des intérêts est arrêté, non seulement par un payement réel, mais aussi par un payement imaginaire, comme l'acceptilation et la novation; (Dig. 46, 2, 18.) Cela ne s'appliquerait cependant point à la novation qui résulte de la *litis contestatio.*

Une autre cause de suspension des intérêts, c'est la prescription du droit d'exiger le capital; ce qui s'appliquait même aux intérêts qui auraient pu être dus dans le passé et non pas seulement à ceux qui pourraient courir dans l'avenir. (Code 4, 32, 26.)

Enfin, les intérêts cessent de courir quand ils ont doublé le capital, c'est-à-dire quand leur somme est égale au capital : si par exemple on a prêté cinq cents solides et que le total des intérêts non payés s'élève à la même somme. (Code 4, 32, 29.)

Le créancier est présumé avoir fait la remise des intérêts à son débiteur lorsqu'il est resté longtemps sans les exiger. (Dig. 22, l. XVII.) De même, le créancier qui, pendant longtemps, a reçu des intérêts moindres que ceux qui avaient été convenus est censé avoir fait remise des intérêts plus forts. (Code 4, 32, 5 et 8.)

II. — *Des intérêts dus sans convention ou intérêts moratoires.*

I. *Dans quels cas ils sont dus.* — Les intérêts moratoires sont dus *ex morâ*, c'est-à-dire à cause de la demeure du débiteur, du retard qu'il met à s'acquitter. Le créancier d'une somme d'argent, à Rome, avait droit aux intérêts de cette somme, dans le cas où il n'y avait pas eu de stipulation à cet égard, du jour où il avait mis le débiteur en demeure. Ces intérêts n'étaient pas la représentation du préjudice causé au créancier, et ce dernier n'avait pas même besoin de prouver qu'il avait subi un dommage quelconque : il lui suffisait de prouver la demeure du débiteur. (Dig. 22, l. XXXII, § 2.) Toutefois, dans les actions arbitraires, et en vertu des pouvoirs spéciaux, qui, dans ces actions, étaient confiés au juge, le débiteur pouvait être condamné à réparer tout le préjudice causé par son retard.

Cette règle, que les intérêts sont dus *ex morâ*, n'était vraie cependant que dans les contrats de bonne foi. D'après M. de Savigny, il faudrait étendre la même règle aux contrats de droit strict, parce que, dit-il, elle embrasse toutes les obligations, et si elle ne s'applique pas aux *condictiones*, cela tient à la nature de ces actions. Il en trouve une preuve dans la pollicitation (Dig. *De Pollicitatione*, l. 1 et 12), qui n'est pas un contrat de bonne foi et qui cependant entraînait des intérêts moratoires.

Mais le principe que les intérêts sont dus en vertu de la demeure du débiteur ne s'applique qu'aux dettes d'argent. Ceci établit une différence entre les intérêts conventionnels et les intérêts moratoires, car les premiers existent pour toute espèce de quantités. Le motif en est que le placement à intérêt de l'argent est toujours possible, tandis que celui des denrées se trouve beaucoup plus difficilement.

C'est la demeure du débiteur principal et non celle des cautions qui fait courir les intérêts moratoires. (Dig. 22, l. XXXII, § 3.) Les intérêts courent également à cause de la demeure dans les legs et les fidéicommis (Dig. 22, l. XXXIV.), bien que l'action *ex testamento* fût de droit strict. (Dig. 13, l. VII.) M. de Savigny s'est encore appuyé sur cette loi pour soutenir que les intérêts moratoires étaient dus même en vertu d'une action de droit strict. On pourrait, nous semble-t-il, lui répondre que, s'il y a lieu à des intérêts dans ce cas, ce n'est point parce que l'action *ex testamento* est de droit strict, mais bien parce que, sous ce rapport, elle a été assimilée aux actions de bonne foi, à cause du respect que l'on doit aux dernières volontés du défunt.

II. *De la demeure.* — La demeure implique la conscience d'une injustice, d'un tort causé au créancier ; elle consiste le plus souvent dans une simple omission et ne résulte pas toujours du dol.

La demeure peut exister de la part du créancier comme de la part du débiteur : nous n'avons à nous occuper ici que de la demeure du débiteur.

Il y a demeure à ce point de vue quand un débiteur, sommé de remplir son obligation, s'y refuse sans motifs valables : ainsi, elle n'existerait pas s'il reconnaissait sa dette. Il n'y aurait pas non plus demeure si la dette était incertaine ou si le montant n'en était pas déterminé. Le débiteur ne peut donc être constitué en demeure que lorsqu'il ne donne aucun motif de son refus de s'acquitter ou qu'il n'en donne que de futiles. (Dig. 22, l. XXIV et XXVII ; et 45, l. LXXXII, § 1.)

Ainsi, il faut décider que celui qui prétend ne pas connaître sa propre obligation est constitué en demeure. Il en serait autrement, toutefois, d'un héritier qui aurait des doutes sur les actes de son auteur, ou du défendeur qui invoquerait une exception. (Dig. *De Reg. jur.*, l. XLII; et 22, l. XXI.)

De même celui qui provoque une instance par esprit de chicane est censé en demeure. (Dig. 22, l. XLVIII.)

Ordinairement, la *mora* date de la sommation extrajudiciaire.

Elle est donc antérieure à la *litis contestatio*, ainsi que nous l'indique Papinien. (Dig. 22, l. III.) Comme il ne parle nullement de la *litis contestatio*, on peut en conclure qu'il ne la regarde pas comme une circonstance essentielle pour déterminer la demeure.

Dans une autre doctrine, la demeure ne commence qu'à la *litis contestatio* : cette doctrine a pour base la loi 82, § 1, au Digeste, liv. XLV, tit. 1, que l'on entend en ce sens que tout défendeur est en demeure par cela seul qu'il est résolu à soutenir le procès. Cette interprétation est contraire à plusieurs textes. (Dig., *De Reg. jur.*, l. LXIII; et 22, l. XXIV, princ., et 22, l. XLVII.)

L'opinion la plus sûre, c'est que la *mora*, chose essentiellement de fait, est abandonnée à la souveraine appréciation du juge. (Dig., 22, l. XXXII princ.) Ainsi s'expliquent beaucoup de contradictions apparentes dans plusieurs lois du Digeste, notamment à propos des intérêts dus à un légataire.

Quand un jour fixe a été indiqué pour le payement, il n'est pas nécessaire, pour que le débiteur soit en demeure, qu'il ait été sommé de payer, par la raison qu'une stipulation pénale est encourue par l'expiration seule du terme fixé : « Dies interpellat pro homine. »

III. *De quel jour cessent de courir les intérêts moratoires.* — Suivant Cujas, les intérêts dus à raison de la demeure du débiteur cessent de courir du jour où le créancier est en retard de recevoir son payement, alors même qu'il n'y a pas eu consignation de la somme. Le principal argument sur lequel il fonde son opinion est que les intérêts moratoires, étant dus à cause de la demeur du débiteur, ils doivent cesser de courir par la demeure du créancier, comme un effet doit cesser avec sa cause.

D'après d'autres commentateurs, les intérêts dus sans convention ne doivent cesser de courir que par la consignation faite par le débiteur de la somme due; parce que, bien qu'ils ne soient dus que du jour de la demeure, il ne sont pas dus cependant à cause de la demeure.

C'est ainsi que des sommes dues par un tuteur à son pupille cessent de courir par la consignation. (Dig. 22, l. I, § 3.) Ulpien enseigne la même doctrine dans ses notes sur Marcellus. (Dig. 20, 7, 28, § 1.)

Les intérêts moratoires cessent encore de courir du jour de la sentence et pendant le délai accordé au condamné pour l'exécuter. En cas d'appel, ce délai ne court que du jour de la sentence rendue en appel : toutefois, si le juge de l'appel estime qu'il y a eu appel téméraire, il pourra condamner le débiteur à payer les intérêts à partir du jour de la sentence rendue par le premier juge. (Dig. 22, l. XLI.)

Nous devons citer ici, à titre d'exceptions, quelques contrats de bonne foi dans lesquels les intérêts étaient dus de plein droit et indépendamment de la demeure du débiteur. C'est ce qui a lieu dans le contrat de société (Dig. 17, II.), dans le mandat, dans la gestion d'affaires, dans le cas de vente où l'acheteur doit au vendeur les intérêts du prix de la chose vendue du jour de la tradition, encore qu'il n'ait pas été constitué en demeure : tel est encore le cas où un tuteur a employé à ses propres affaires de l'argent appartenant à son pupille. (Dig. 22, l. I, § 3.)

III.—*Intérêts dus en vertu d'un privilége accordé au créancier.*

Lorsque des intérêts étaient dus au créancier en vertu d'un privilége que lui accordait une loi, il va sans dire qu'il n'était pas nécessaire qu'aucune convention fût intervenue. Les créanciers jouissant de ce privilége étaient peu nombreux.

Le fisc s'était arrogé le droit de faire courir les intérêts à son profit sans qu'il eût besoin de mettre son débiteur en demeure, sans même qu'il eût fait une convention à cet égard, ainsi que nous l'apprend Juvénal (satire III) (Dig. 22, 1. XVII, § 5.) Et ces intérêts sont dus au fisc non-seulement lorsqu'il a contracté lui-même, mais encore lorsqu'il a succédé aux droits d'un autre. (Dig. 22, 1. XVII, § 6.) Mais, au contraire, celui qui succède au fisc ne jouit que du droit commun à compter du jour où il lui a succédé. (Dig. 22, 1. XLIII.)

IV. — *De la question des intérêts judiciaires.*

La question des intérêts judiciaires ne peut se présenter que dans deux cas : 1° quand il n'existe pas de mora, comme condition des intérêts moratoires. 2° Quand il n'est pas dû d'intérêts moratoires, malgré la mora, ce qui a lieu dans les actions de droit strict. On comprend, en effet, que, lorsqu'il était dû des intérêts moratoires avant le litige, ces intérêts continuaient à courir pendant toute la durée du procès et absorbaient les intérêts judiciaires.

Le premier des cas énoncés ci-dessus pouvait se présenter dans diverses circonstances : ainsi la créance peut être douteuse ou d'un montant indéterminé. (Dig. 22, 1. XXIV, princ., et 21, 3, 47, princ.) Il se peut que le débiteur n'ait pas reçu de sommation, ou que l'intervalle entre la sommation et le commencement du litige soit si court que l'on ne prend pas la peine de prouver la sommation pour motiver des intérêts moratoires. Il y a lieu aux intérêts judiciaires dans ces diverses circonstances.

Il nous faut maintenant résoudre la question de savoir si les intérêts d'une somme d'argent doivent être restitués comme fruits, en un mot si les intérêts judiciaires sont admissibles et si le demandeur a le droit de les réclamer. Nous pensons que la question doit être résolue affirmativement, et nous allons chercher à le démontrer.

Le principe est posé d'une manière générale au Digeste, liv. 22, tit. 1, loi XXXIV. Cette loi attribue aux intérêts la même nature juridique qu'aux fruits. Il est vrai que les lois 51 et 121, *de verborum significatione*, semblent contredire cette doctrine, quand elles disent : « Usura in fructu non est. » Mais ces mots signifiaient seulement que les intérêts ne sont pas produits par une force naturelle, mais résultent d'un acte juridique. Papinien dit la même chose. (Dig 6, l. LXII.) La preuve que la loi 34 est relative à notre question résulte de ce fait, qu'elle se rattache à un texte très-explicite d'Ulpien, où les fruits et les intérêts sont mis à la charge du défendeur qui succombe dans une instance en pétition d'hérédité. (Dig. 5, 3, 20.) D'ailleurs, le mot *obventio* désigne d'une manière générale les produits quelconques d'une chose, et par conséquent les intérêts aussi bien que les fruits.

Si donc les intérêts sont une espèce de fruits et si le défendeur, à partir de la dite contestation doit restituer tous les fruits sans exception et cela *dans toute action*, il résulte évidemment de cela que le défendeur doit les intérêts, quelle que soit la nature de l'action. On voit dès lors qu'il y a réellement des intérêts judiciaires distincts des intérêts moratoires, mais de même nature qu'eux et fondés sur le même motif, c'est-à-dire sur cette règle générale que le propriétaire d'une somme d'argent, privé injustement de son usage, a droit, comme indemnité, aux intérêts usités dans le pays.

Un autre texte (Dig. 22, 1. XXXV) implique aussi la reconnaissance du principe des intérêts judiciaires. On y lit, en effet, que, malgré la *litis contestatio*, les intérêts commencent à courir. Et s'ils avaient commencé à courir, la novation résultant de la *litis con-testatio* n'en arrêterait point le cours.

Maintenant que nous avons, croyons-nous, établi le principe que les intérêts judiciaires doivent être admis, nous devons en montrer les conséquences. Ainsi :

1° Pour que les intérêts judiciaires puissent être exigés, il faut que le litige porte sur une somme d'argent et non pas sur d'autres quantités. Tout ce que nous avons dit des intérêts moratoires devra s'appliquer ici.

On pourrait être tenté d'étendre aux quantités autres que l'argent la règle des intérêts judiciaires, en disant que si le demandeur eût recouvré la chose litigieuse lors de la *litiscontestatio*, il eût pu la vendre et en placer le prix qui lui eut produit des intérêts. Mais cela n'est pas admissible, car le défendeur est toujours libéré de toute obligation relative à la chose litigieuse en la restituant en nature.

2° Les intérêts judiciaires pouvaient être exigés non-seulement dans les actions de bonne foi, mais encore dans les actions de droit strict. Il est vrai que la règle de la *condictio indebiti*, qui permet de réclamer les sommes indûment payées, mais non les intérêts de ces sommes semble s'opposer à cette extension des inté-rêts judiciaires dans les actions de droit strict. (Code 4, 4. I.) Car il semble naturel d'en conclure que cette prohibition de réclamer les intérêts tient à ce que la *condictio indebiti* est de droit strict. Mais cette conclusion n'est pas fondée. Voici, en effet, comment peut s'expliquer cette prohibition : Celui qui réclamait une somme d'ar-gent en vertu d'un prêt ou d'un payement non dû ne pouvait le faire qu'au moyen de la *condictio certi*; or, dans cette action, il fallait qu'une somme déterminée fût insérée dans l'*intentio* et reproduite dans la *condemnatio* : le juge ne pouvait s'écarter de l'*intentio*, ce qui l'empêchait de porter dans le jugement une somme plus forte que celle qui y était indiquée, et par là était exclue toute supputation d'intérêts.

Mais si on redigeait la formule d'une manière incertaine, sans fixer aucune somme dans l'*intentio*, en mettant par exemple « quanti ea res erit, » cette formule ne pouvait donner lieu qu'à une *condictio incerti*, et dès lors rien n'empêchait le juge de tenir compte des intérêts. (Gaius, 4, §§ 49-51.) Ainsi, ce n'était pas la nature des actions de droit strict qui excluait les intérêts judiciaires, mais la nature spéciale de la *condictio certi*.

3° Il faut décider encore que les intérêts judiciaires peuvent être dus pour des sommes non liquides comme pour des sommes liquides. Cette décision ne cause aucun préjudice au défendeur, car il savait bien que son créancier n'avait pas l'intention de laisser son argent improductif. Si la distinction des sommes liquides et des sommes non liquides était admise, le défendeur n'aurait qu'à contester la somme qui lui est demandée pour la rendre non liquide ; et par là disparaîtrait le principe des intérêts judiciaires.

On trouve une application du principe que les intérêts judiciaires sont dus, d'abord dans la pétition d'hérédité (Dig. 5, 3, 20, § 11), dans les leg et les *fidéicommis* (Code 4, 32, I et II.), où le principe des intérêts judiciaires est positivement reconnu.

<hr>

QUELLES SONT LES CHOSES QUI SONT SUSCEPTIBLES DE PRODUIRE DES INTÉRÊTS.

Parmi les choses que la nature a mises à la disposition de l'homme, toutes ne sont certainement pas susceptibles de produire des intérêts, et pour beaucoup d'entre elles l'impossibilité est juridique bien plus que naturelle. Nous devons donc exposer sommairement ici quelles sont les choses qui sont susceptibles de produire des intérêts.

Nous trouvons en premier lieu, comme pouvant donner des intérêts, les fruits de la terre et l'argent monnayé. Mais les intérêts d'une somme ne portent jamais intérêt: cet intérêt des intérêts, c'est ce qu'on appelle l'anatocisme. Que si la chose qui était due à titre d'intérêt était devenue partie du capital, par une novation elle pouvait alors produire des intérêts. Justinien trouva qu'il y avait là une fraude à la loi et la fit cesser pour l'avenir. (Code 4, 32, 28.)

L'anatocisme n'a pas toujours été prohibé chez les Romains ; nous voyons, en effet, dans Cicéron que ce fut lui qui, étant proconsul de Cilicie, proposa aux Ciliciens un édit proconsulaire dans lequel il leur promet de faire payer les intérêts et l'anatocisme.

En général, les intérêts des fruits ne sont pas dus lorsque ces fruits sont non pas l'objet d'une dette principale, mais d'une dette accessoire : car il n'y a pas d'accessoire d'un accessoire.

Il est des cas où l'on n'est pas censé avoir stipulé les intérêts des intérêts, mais seulement un plus fort intérêt sous condition. (Dig. 20, l. III.) De même, ne serait pas réputée nulle la stipulation d'un intérêt légitime pour le cas où l'intérêt plus faible ne serait pas payé au jour fixé : ici, en effet, ce n'est pas une peine qui a été stipulée, mais un intérêt plus fort pour le capital, et cette stipulation d'un intérêt plus fort a eu lieu sous la condition que l'intérêt primitif ne serait pas payé. (Dig., l. 9, § 1, *De Pignoribus et Hypothecis*.) Mais comme ces intérêts plus forts ne sont dus que conditionnellement, on ne peut les faire courir du jour du contrat, mais seulement du jour de l'arrivée de la condition, c'est-à-dire du jour du non-payement des intérêts moindres. (Dig. 22, l. XVII princ.)

Nous avons dit que l'argent monnayé et les fruits de la terre étaient productifs d'intérêts lorsqu'ils étaient le principal objet de la créance. Mais les autres choses ne pourraient porter intérêt que dans le cas où on les aurait laissées au créancier pour les vendre.

On se demande si, pour un corps certain formant l'objet de la dette, il y aurait lieu d'exiger des intérêts. Un débiteur, par exemple, doit un vase d'or et il est en demeure de le livrer : sera-t-il tenu de payer des intérêts ? Il y a ici une distinction à faire : s'il s'agit d'un legs et que le vase ait été légué pour être transformé en argent qui doit servir à payer un fidéicommis ou à fournir des aliments, on pourra exiger des intérêts du débiteur du legs. Mais si le vase a été légué pour l'usage seulement, alors aucun intérêt ne pourra être demandé. (Dig., l. III, § dernier *De Usuris*.)

Il est vrai que l'on a une constitution de Constantin qui forme la loi 25 au Code, titre *De Usuris*, et de laquelle il semble résulter que dans tous les cas des intérêts sont dus en vertu de la dette d'un corps certain. Mais ce n'est pas ainsi qu'il faut interpréter cette Constitution : Constantin, en effet, a voulu dire que si un corps certain a été donné au débiteur avec estimation, on devra s'inquiéter de savoir quels intérêts devront être promis pour cette estimation. Les empereurs Dioclétien et Maximien avaient déjà répondu en ce sens à Proculus. (C. *Si certum petatur*, l. VIII.)

Quant à une loi de Paul (Dig. *De Usur.*, loi XVII, § dernier.) qui semble en contradiction avec ce que nous venons de dire, il faut l'entendre en ce sens, que ce ne sont pas des statues qui ont été léguées, mais une somme d'argent pour les acheter et les faire placer. On peut s'en convaincre en lisant les lois de Pomponius et d'Ulpien. (Dig. *de Annuis Legatis*, l. VII, et *De Operibus publicis*, l V.)

DROIT FRANÇAIS

1. Nos études purement théoriques sont terminées, et nous devons descendre maintenant dans la sphère des législations positives qui règlent aujourd'hui nos relations sociales. Le droit n'est pas seulement une science; il est encore, suivant une expression si heureuse et si justement louée d'un de nos maîtres, une science d'application (1). Nous allons donc avoir à parcourir les nombreux textes épars dans nos codes sur les intérêts que l'on peut, à notre époque, retirer de l'argent.

Notre travail sera nécessairement incomplet, hâtons-nous de le reconnaître. Exposer dans son ensemble, sans négliger aucun détail, la vaste théorie qui fait l'objet de cette étude; la suivre, non-seulement dans tout le domaine du Droit civil, mais encore sur le terrain de la législation commerciale et du Droit sanctionnateur; envisager non-seulement les questions les plus importantes qui se débattent devant les juridictions ordinaires, mais encore parcourir les difficultés des comptes courants et des lois sur l'usure : c'est là une tâche devant laquelle nous avons reculé, par

---

(1) M. Demolombe. — Voir M. Laferrière : Introduction aux Tables analytiques des Revues de Droit et de Jurisprudence, p. 81.

un juste sentiment de notre faiblesse et des limites que nous devions assigner à ce travail.

Mais dans le cercle, étroit, si l'on veut, où nous avons renfermé nos recherches, nous n'avons pas oublié que « le Droit comparé est l'auxiliaire puissant qu'appellent des études juridiques mesurées sur les exigences de notre époque,» et nous avons, autant qu'il était en nous, consulté «le passé de Rome et de la France (1).» C'est là, même, ce qui peut expliquer l'insuffisance, sur certains points spéciaux, des données historiques que nous avons précédemment exposées. Nous avons cru qu'une longue et froide énumération de textes, empruntés à la législation romaine et à nos anciens auteurs, présentés isolément et sans aucun lieu de contact avec nos institutions modernes, n'offrait qu'un intérêt médiocre, et nous avons cru devoir réserver ces autorités pour les rapprocher de notre étude exégétique.

Les explications dans lesquelles nous allons entrer peuvent se rattacher à cinq divisions :

1° Intérêts conventionnels ;

2° Intérêts moratoires ;

3° Intérêts légaux ;

4° Anatocisme ;

5° Prescription des intérêts.

CHAPITRE PREMIER

DES INTÉRÊTS CONVENTIONNELS

2. Les intérêts conventionnels, le mot l'emporte, sont ceux qui sont dus en vertu de la convention des parties.

(1) M. Bertauld : Biographie de Bodin, 1857, p. 26, et Philosophie politique de l'Histoire de France, 1861, p. 349.

En Droit romain, pour reconnaître si une convention pouvait devenir la source d'une perception d'intérêts, il fallait distinguer entre les contrats *stricti juris* et les contrats *bonæ fidei*.

Dans les contrats *stricti juris*, et notamment dans le *mutuum* ou contrat de prêt, les intérêts n'étaient dus que lorsqu'ils avaient fait l'objet d'une stipulation formelle entre les parties (1).—On admettait, toutefois, qu'un simple pacte suffisait où le prêt avait été fait par un *argentarius* (2), ou par une ville (3), en matière de *nauticum fœnus* (4) et de prêt de denrées (5).—On décidait même que, lorsque le pacte était fortifié par une hypothèque, le créancier pouvait dans tous les cas réclamer des intérêts par voie de rétention (6).

Dans les contrats *bonæ fidei*, un simple pacte suffisait (7). A la stipulation et aux pactes, il faut encore joindre le testament. Un disposant pouvait, en formulant ses dernières volontés, astreindre son légataire à payer les intérêts d'une créance (8).

Dans toutes les circonstances où un débiteur avait payé des intérêts en vertu d'un simple pacte non obligatoire, il ne pouvait pas plus tard agir en répétition, et le créancier n'était pas tenu d'imputer ces intérêts sur le principal (9).

Dans l'ancien Droit, les pays de droit écrit et les pays de coutume ne suivaient pas les mêmes règles.

Dans les pays coutumiers, le prêt n'était pas susceptible d'une stipulation d'intérêts ; mais, en matière de vente de choses mobi-

(1) Pauli Sententiæ, De Usuris, 1, 2, t. XIV, § 1 ; — l. III, c., De Usuris.
(2) Nov. 130, c. iv.
(3) L. XXX, D., De Usuris.
(4) L. V, § 1, D., De nautico fænore.
(5) L. XII, C., De Usuris.
(6) L. IV, C., De Usuris ; — l. CI, § 1, D., De Solutionibus ; — Cf. l. V, § 2, D., cod. tit ; — Machelard : Des Obligations naturelles, p. 32.
(7) L. V, C., De Pactis inter emptorem et venditorem.
(8) L. III, § 6, D., De Annuis legatis.
(9) L. III, C., De Usuris ; — l. XXVI, Pr. D. De Conditiones indebiti.

lières, de dons ou de legs, de transactions et de sociétés, des intérêts pouvaient être stipulés par les parties.—Les pays de droit
écrit se montraient plus tolérants : quelques-uns admettaient les
intérêts dans le contrat de prêt; d'autres n'admettaient pas la
stipulation même; mais le débiteur qui avait payé ne pouvait pas
agir par la *condictio indebiti* (1).

Le Code Napoléon indique, dans plusieurs de ses dispositions,
que les parties peuvent, par convention, stipuler des intérêts (2).
La règle est que, dans tout acte, vente, donation, testament, prêt,
arrêté de compte... des intérêts peuvent être promis. — Mais
n'oublions pas que, l'obligation de payer des intérêts étant une
obligation exceptionnelle, il faut, pour que le contrat puisse en
être le principe, que les parties s'en soient formellement expliquées.
Et comme, dans le doute, « ad id quod minimum est, redigenda
summa est (3), » si l'on éprouve quelque hésitation, il faudra se
prononcer en faveur du débiteur.

3. L'article 1907 veut que le taux de l'intérêt conventionnel soit
fixé par écrit; et cette règle spéciale devrait recevoir son application, alors même qu'il s'agirait d'une valeur inférieure à cent
cinquante francs.

Mais faut-il en conclure, avec M. Duranton, que le créancier
n'aurait pas le droit de déférer le serment au débiteur, ni de le
faire interroger sur le fait de cette promesse d'intérêt? L'éminent
professeur de la Faculté de Paris enseigne que l'on peut considérer
la promesse non rédigée par écrit comme en Droit romain on
considérait la promesse d'intérêts, qui, dans un contrat de prêt,
n'était point faite en la forme de la stipulation, mais du simple
pacte ; promesse qui ne peut produire aucune action (4). »

(1) Lecamus d'Houlouve : Traité des Intérêts, p. 81 et 82.
(2) Art. 1652, art. 1905.
(3) L. XXXIV, D. De Regulis Juris.
(4) T. XVII, n° 808.

Je ne crois pas que cette résurrection de la théorie des pactes et des stipulations soit heureusement inspirée. Notre Droit ne connaît plus ces distinctions toutes romaines entre les obligations qui astreignent *jure civili* et celles qui n'obligent que *naturaliter*. Si, dans certains cas, il proscrit la preuve testimoniale, c'est qu'il en craint les dangers, et alors il répute l'obligation inexistante. Mais lorsque le créancier fait appel au débiteur lui-même, celui-ci est il fondé à soutenir que son témoignage est sans valeur et qu'on n'en devrait tenir aucun compte? La loi exige ici un acte écrit, non pas *ad solemnitatem*, mais seulement *ad probationem*, et dès lors qu'on peut se procurer une preuve à l'abri de tout soupçon, dans notre sujet comme en matière de transaction et d'antichrèse (1), on doit y recourir.

4. La loi du 3 septembre 1807 a fixé le taux maximum de l'intérêt, et lorsque la convention sera muette sur l'indication du chiffre que les parties auront eu en vue, il faudra présumer qu'elles ont voulu s'en rapporter à la détermination légale.

Mais, s'il est incontestable que, depuis la loi de 1807, on ne peut jamais, au moyen d'un prêt, retirer de son argent un intérêt supérieur à l'intérêt légal, faut-il en conclure que la même règle s'appliquera à tous les autres contrats sans exception ? — Cette question est, en général, résolue affirmativement, et les termes de la loi de 1807 semblent favoriser cette solution. Mais il faut reconnaître que l'attention des législateurs se portait alors exclusivement sur les contrats de prêt d'argent, et nous croyons, pour notre part, que la disposition limitative du taux des intérêts ne peut raisonnablement recevoir l'extension qu'on lui prête.

J'emprunte un exemple au contrat de vente : Je vous vends un immeuble moyennant cent mille francs, prix principal, et nous convenons que ce prix portera des intérêts, sur le taux de dix

(1) Art. 2044 et 2085. C. Nap.

pour cent, jusqu'au jour de l'échéance. L'année expirée, je m'adresse à vous, et je vous réclame dix mille francs. — Je ne vous dois que cinq mille francs, dit l'acquéreur ! La stipulation est usuraire. — Et il argumente de la loi de 1807 : « L'intérêt conventionnel ne pourra excéder, en matière civile, cinq pour cent. » Or, par un contrat, vous avez stipulé dix pour cent. Donc, vous avez violé la loi sur l'intérêt de l'argent.

Le raisonnement paraît en forme, et, cependant, c'est la thèse contraire qui doit prévaloir. Ni le texte, ni les motifs du texte ne s'appliquent à notre hypothèse.

La loi de 1807 s'est uniquement occupée du prêt à intérêt, et la pensée du législateur se manifeste dans les expressions mêmes de la loi : « Lorsqu'il sera prouvé que le prêt conventionnel... Tout individu qui sera prévenu de se livrer à l'usure sera condamné à une amende qui ne pourra excéder la moitié des capitaux qu'il aura prêtés à usure. » Ici, nous ne sommes pas en présence d'un prêteur. Nous sommes en face d'un vendeur. Donc, la loi ne lui est pas applicable.

J'en dirai autant des motifs de la loi. Celui que le législateur veut protéger, c'est l'homme aux prises avec le besoin d'argent, l'homme qui est à la merci du prêteur et qui subit la loi qu'on lui dicte. L'emprunteur, dans la détresse, n'a pas eu la liberté de son consentement, et la loi le relève de ses engagements imprudents. — Telle n'est pas la situation d'un acquéreur. N'est-ce pas lui, au contraire, qui impose ses lois au vendeur ? On peut être forcé de vendre : on n'est jamais obligé d'acheter ; la loi elle-même le proclame en refusant, par l'article 1683, toute espèce de rescision à l'acheteur qui se prétend lésé.

Ce qu'il faut dire, c'est qu'il s'agit ici d'un véritable prix de vente. J'ai stipulé que, pendant dix ans, vous me payeriez chaque année dix mille francs. N'aurais-je donc pas eu le droit de vous vendre mon immeuble moyennant deux cent mille francs ? L'opération peut être désastreuse pour vous, vous en subirez les conséquences.

Je crois fermement, pour ma part, que la stipulation n'a rien d'illicite.

Mais, afin de bien préciser notre opinion sur ce point, concevons notre hypothèse et voyons notre principe aux prises avec une difficulté plus grave. — Le jour de l'échéance est arrivé, et vous ne pouvez me payer le capital. Je vous accorde un nouveau délai, sous la condition que, jusqu'au jour du payement, vous continuerez à me payer annuellement dix mille francs. Est-ce valable ?

Je ne le crois pas, et les deux arguments sur lesquels je me fondais, dans l'hypothèse précédente, manquent complétement. Ce n'est plus ici une vente que je vous consens: c'est une sorte de contrat de prêt qui intervient entre nous. Vous ne pouvez me payer : c'est moi, créancier, qui vous dicte actuellement la loi et qui vous impose mes conditions. Les rôles sont changés. L'origine de nos relations se trouve bien dans un contrat de vente, mais le contrat de vente a fait son temps, et je ne pourrai désormais exiger de vous que l'intérêt légal.

Nous pouvons encore rendre notre solution plus saillante en choisissant une hypothèse intermédiaire entre celles que nous venons d'étudier. — Je vous vends ma maison cent mille francs, payables dans cinq ans, et le contrat porte que, si, à l'expiration des cinq années, vous ne me payez pas, vous me devez, à partir de cette époque, des intérêts sur le pied de dix pour cent. Dans le premier cas, nous n'avions qu'une stipulation ; ici, nous en avons deux. Dans le premier cas, nous avions deux stipulations distinctes, *ex intervallo*; ici, nous rencontrons deux stipulations faites *in continenti*. Quelle sera notre solution ?

On pourrait soutenir qu'il s'agit là d'un prix de vente, puisque tout est écrit dans le contrat ; qu'un prix de vente doit être ac-

cepté tel que l'acquéreur l'a fixé ; que celui-ci a acheté à ses risques et périls, et qu'il doit subir le résultat.

J'admets volontiers, dans la première hypothèse, qu'on voie
un prix de vente dans les cent cinquante mille francs que l'acquéreur devra payer. Mais, ici, la vente a eu lieu moyennant cent
mille francs. C'est là seulement ce qui forme le prix.

Mais, dit-on, cette dernière stipulation est toute à l'avantage de
l'acheteur. Dans ce cas, il peut échapper au payement des intérêts
sur le taux de dix pour cent. Dans l'autre cas, il ne pouvait s'y
soustraire

La vérité est que ces espérances, dont se bercent souvent les
emprunteurs, de pouvoir échapper par le remboursement aux intérêts qui dévorent leur fortune, sont le plus souvent chimériques.
C'est un piége auquel malheureusement un trop grand nombre
succombent. Ce qu'il faut voir, c'est si ces intérêts sont une portion intégrante du prix de la vente. Si c'est un prix, le vendeur
devra le recevoir nécessairement, toujours, et quoi. qu'il arrive.
Ici, le vendeur recevra-t-il ? On l'ignore : la réponse est su-
bordonnée au point de savoir si l'acheteur payera ou non à l'é-
chéance.

Ma conclusion serait donc qu'il ne faut pas introduire la loi de
1807 dans les contrats pour lesquels elle n'a pas été faite ; mais
cette loi doit recevoir son application lorsqu'on se trouve en présence d'un prêt apparent ou déguisé, lorsque l'opération peut
masquer une stipulation usuraire.

5. Les parties conviennent, le plus souvent, que les intérêts
seront payables par année ; mais, en l'absence même de cette
clause, je crois que le créancier pourrait exiger annuellement les
intérêts, sans être forcé d'attendre l'échéance du capital.

On s'est même demandé si l'on pourrait valablement stipuler
que les intérêts ne seraient payables qu'avec le capital. Par exemple,
j'emprunte de Secundus cent mille francs remboursables dans

vingt ans, et Secundus stipule que les intérêts ne lui seront pas annuellement payés, qu'il ne seront acquittés qu'à l'échéance et dans un délai de vingt ans. Je devrai lui remettre la somme de deux cent mille francs. Est-ce licite ?

Non, d'après M. Pont. Une pareille stipulation n'est valable que pour cinq ans. Et cette solution repose sur deux arguments puisés, l'un, dans l'article 2277, qui ne permet au créancier de réclamer que cinq années d'intérêts; l'autre, dans l'article 2220, qui annule toute renonciation faite à une prescription non encore accomplie (1). Le débiteur ne pourrait dire : Pour le cas où je ne servirais pas les intérêts avec exactitude, je renonce à l'avance à me prévaloir de la prescription. Or, quelle différence peut-on reconnaître entre les deux hypothèses ?

Je souhaiterais fort, pour ma part, de pouvoir adhérer à l'opinion proposée par le savant continuateur de Marcadé. Je consens à reconnaître que cette stipulation offre presque tous les dangers de l'anatocisme. Mais les deux arguments invoqués par l'éminent jurisconsulte me paraissent sans valeur. Notre convention n'est contraire ni à l'article 2276 ni à l'article 2220.

L'article 2277 déclare, il est vrai, que les intérêts se prescrivent par cinq ans. Mais la prescription ne peut courir que du jour de l'échéance, du jour où le créancier a pu légitimement réclamer ce qui lui était dû ; or, ici, les intérêts n'étaient pas exigibles et le créancier n'était pas fondé à les demander. Il ne pouvait agir, la prescription ne l'atteindra pas.

J'ai par là répondu à l'article 2220. Il n'y a pas renonciation à une prescription non encore accomplie. La prescription ne commencera à courir qu'à l'expiration de la vingtième année. Or, la convention déclare elle-même qu'elle ne produira effet que jusqu'à cette époque. Vainement, on chercherait à appuyer cette thèse sur l'article 1154, qui défend, ainsi que nous le verrons bientôt, toute

(1) Privilèges et Hypothèques, n° 1023, p. 959.

stipulation d'anatocisme faite à l'avance. Cet article renferme une disposition spéciale, que l'on peut avoir le désir d'appliquer à notre hypothèse, mais que le législateur, souverain maître en ces matières, n'a pas étendue jusque-là.

Tenons donc pour valable, et je le dis avec regret au point de vue de l'intérêt du débiteur, la stipulation qui nous occupe.

6. Je suppose la convention légalement formée et un certain laps de temps écoulé depuis le contrat. Le débiteur doit à son créancier tout à la fois des intérêts et un capital ; il fait alors au créancier un payement insuffisant pour éteindre la dette entière. Sur quelle partie de la créance, capital ou intérêt, devra-t-on imputer le payement ?

Si les parties se sont expliquées sur ce point, leur convention sera la loi que le juge devra interroger : « Respondi si qui dabat in sortem se dare dixisset, usuris non debere proficere (1). » Mais, lorsqu'elles ont gardé le silence, la raison indique assez que l'imputation doit être faite d'abord sur les intérêts. Le débiteur qui est en retard dans le payement des intérêts ne peut, jusqu'au jour où il a purgé ce retard, éteindre, au préjudice du créancier, la créance productive d'intérêts. Et, d'autre part, comme le créancier aurait le droit de refuser un payement partiel, la loi suppose que, s'il accepte une somme insuffisante pour produire l'extinction de la totalité de la dette, il met à son acceptation les conditions qui lui seront le moins défavorables.

Aussi, la loi romaine faisait ainsi l'imputation : « Prius in usuras, et, si quid superest, in sorte (2). Si neuter voluntatem

---

(1) L. CII, § 1, D. De Solutionibus.

(2) L. V, § 3, D., De Solutionibus. — Cette même loi, dans son second paragraphe, prévoyait une hypothèse assez curieuse pour nous arrêter un instant. Ulpien suppose qu'un débiteur doit les intérêts d'une créance, partie en vertu d'une stipulation, partie en vertu d'un simple pacte. Mais le tout est garanti

suam expressit, prius in usuras, id quod solvitur, deinde in sortem, accepto feretur (1). »

Dans l'ancien Droit, l'imputation des intérêts, lorsque le créancier était fondé à en réclamer, avait lieu sur le principal préfé-
rablement aux intérêts, excepté lorsqu'il s'agissait d'intérêts dus
de plein droit par le débiteur (2).

Notre Code Napoléon est revenu aux principes du Droit romain, et, sans distinguer entre les diverses espèces d'intérêts, il
décide que « le débiteur d'une dette qui porte intérêt ne peut
point, sans le consentement du créancier, imputer le payement

par une hypothèque. Le débiteur fait un paiement partiel ; l'imputera-t-on
exclusivement sur les intérêts dus en vertu d'une stipulation ?

Non, dit le jurisconsulte, analysant un rescrit d'Antonin : « Quod solvitur
in usuras, ad utramque causam usurarum, tam debitarum, quam indebitarum,
pertinere. »

Cessant l'hypothèque, il faudrait dire que l'imputation portera uniquement
sur les *usuræ debitæ*; et, dans le cas où il y aurait eu seulement des *usuræ
indebitæ*, les intérêts n'étant pas exigibles en l'absence de l'action hypothécaire qui supplée ce que le pacte a par lui-même d'incomplet, dans le silence
des parties, l'imputation porterait sur le principal. Elle n'aurait lieu sur les
intérêts que dans le cas où les parties l'auraient expressément indiqué.

Jusqu'ici, nous ne rencontrons rien que de très-rationnel et de très-conforme
à tous les principes du droit romain sur les effets des pactes et des stipulations.

Mais reprenons l'hypothèse où l'imputation se fait tout à la fois sur les
usuræ debitæ et les *usuræ indebitæ*. Le débiteur doit au créancier soixante-
quinze sesterces pour *usuræ debitæ*, vingt-cinq sesterces pour *usuræ indebitæ*.
Il paie seulement cinquante sesterces; ne semble-t-il pas que trente sesterces
et demi seront imputés sur les *usuræ debitæ*, douze sesterces et demi sur les
usuræ indebitæ? La logique paraît commander ce résultat. — Eh bien! cette
solution serait inexacte. L'imputation se fera « æqualiter ad utramque causam,
non prorata. » Le texte est formel sur ce point, et je me borne à constater sa
décision. (Machelard : Obligations naturelles, p. 32.)

De semblables questions ne peuvent plus se produire dans notre Droit, qui
ne reconnaît pas ces distinctions entre les stipulations obligeant civilement et
les pactes obligeant seulement *naturaliter*.

(1) L. 1, C., De Solutionibus.
(2) Lecamus d'Houlouve : Traité des Intérêts, p. 258.

qu'il fait sur le capital, par préférence aux arrérages ou intérêts. Le payement fait sur le capital et intérêts, mais qui n'est point intégral, s'impute d'abord sur les intérêts. »

7. M. Marcadé a soutenu cependant que cet article 1254 ne s'appliquait pas aux intérêts moratoires, et, à l'appui de son opinion, il a invoqué les précédents, le texte et les motifs de l'article.

Dans l'ancien Droit, nous l'avons vu, l'imputation avait lieu sur le principal, et non sur les intérêts, lorsqu'il s'agissait d'intérêts moratoires. L'article 1254 a-t-il voulu déroger à cette situation ? La négative résulte des discussions du Conseil d'Etat, puisque, sur la remarque faite par M. Réal que, dans sa généralité, l'article serait une innovation, si on l'appliquait à d'autres prestations que les arrérages de rentes et les intérêts du prix des choses frugifères (1), M. Treilhard crut devoir justifier l'article de ce reproche d'innovation qui lui était à tort adressé.

En second lieu, le texte parle d'une dette qui porte intérêt. Or, les intérêts moratoires ne découlent pas de la dette, mais bien du préjudice causé par le retard que le débiteur met à l'exécution de ses engagements.

Enfin, on comprend la disposition de l'article 1254, lorsqu'il n'y a qu'une dette unique ayant pour objet un principal et ses accessoires. Mais, lorsqu'il y a plusieurs dettes, il faut revenir à la règle écrite dans l'article 1156 : « Le payement doit être imputé sur la dette que le débiteur avait le plus d'intérêt d'acquitter. » Or, la dette d'intérêts moratoires est une dette distincte de la dette du capital, puisque, si l'une provient d'un contrat, l'autre tire son origine du fait d'un débiteur, de sa morosité. — Il faut donc imputer les payements partiels sur le capital, sur ce que l'ancien Droit appelait la partie la plus dure (2).

_____

(1) Locré : Législation civile, t. XIII, p. 171.
(2) Marcadé, art. 1254. 3°, t. IV, n° 724.

Cette augmentation ne me paraît pas convaincante, et elle repose, à mon avis, sur une interprétation inexacte de la discussion du Conseil d'État qui condamne formellement la théorie de M. Marcadé. Je veux réproduire ici les paroles de M. Treilhard (1) : « Quand des intérêts étaient prononcés par forme de condamnation, pour le retard de payement d'une dette qui naturellement ne devait point en produire, on imputait, en effet, les payements partiels sur le capital ; mais on les imputait sur les intérêts et les arrérages, lorsque ces arrérages et intérêts étaient produits naturellement et légalement par la dette. On tenait pour principe, qu'une somme d'argent ne devait, en aucun cas, donner d'intérêts ; que ceux qui résultaient d'une condamnation n'avaient pas vraiment ce caractère, qu'ils n'étaient adjugés que par forme de peine et de dédommagement ; mais cette jurisprudence était particulière au Parlement de Paris. Dans plusieurs parlements du pays de droit écrit, on avait adopté le système inverse...»

Voyons donc quelle était cette jurisprudence : « En pays de droit écrit, de quelque nature que soit une créance qui produit des intérêts, et soit que ces intérêts soit dus *ex natura rei*, ou *ex mora* et *officio judicis*, tous payements à-compte, sans imputation expresse sur le principal, ne sont imputés que sur les intérêts, et ne peuvent diminuer ce même principal qu'après l'entière extinction des mêmes intérêts (2). » Telle était la jurisprudence des parlements de Toulouse, de Grenoble et d'Alsace.

Revenons à M. Treilhard, et voyons sa conclusion : « Il importe donc de distinguer ces deux jurisprudences opposées : celle des pays de droit écrit est plus conforme à la législation actuelle, qui considère l'argent comme susceptible de produire des intérêts. Est-il possible, je le demande, de déclarer plus énergiquement que l'article 1254 atteint les intérêts moratoires ? Et l'article, par la

(1) Locré : Législation civile, t. XIII, p. 171, 172.
(2) Lecamus d'Houlouve : Traité des Intérêts, p. 262.

généralité de ses expressions, et malgré les subtilités auxquelles M. Marcadé a été contraint de recourir, répond parfaitement à la pensée du Conseil d'État.

Les intérêts moratoires sont en réalité des accessoires du principal, soumis, quant a leur fixation, quant à leur conservation, et quand à leur prescription, à toutes les règles ordinaires d'intérêts. Il serait, en effet, bien étrange que le sentence du juge ne pût pas arriver au même résultat que la convention des parties, et qu'un débiteur en faute fût traité plus favorablement que celui qui remplit exactement ses engagements. Le système de M. Marcadé aboutirait d'ailleurs à la multiplication des poursuites dirigées contre les débiteurs, puisque le créancier, qui, dans cette théorie, n'aurait même pas le droit, malgré le débiteur, d'imputer expressément sur les intérêts le payement qui lui est fait, l'article 1254 n'étant pas applicable, n'aurait d'autres ressources que de poursuivre inexorablement son débiteur, et de le soumettre à la nécessité d'une libération immédiate.

L'article 1254 est général et doit donc être étendu à tous les intérêts.

8. J'ajoute qu'il doit s'appliquer dans toutes les circonstances, et, par là, je fais allusion à une controverse que je négligerais, si elle ne rattachait aux noms illustres de Cujas et de Basnage.

De ce que le cautionnement ne se présume pas, on a induit cette conséquence, que la caution donnée pour le principal n'est pas obligée au payement des intérêts.—Un créancier fait exproprier les biens de son débiteur ; mais il ne reçoit qu'une partie de ce qui lui est dû.   La caution peut-elle soutenir que l'imputation se fera sur le capital, de préférence aux intérêts?—La question ne semble devoir faire aucune difficulté, et le législateur romain n'avait pas hésité, dans l'espèce suivante, à proscrire les prétentions du fidéjusseur.

Aurelius Romulus s'était rendu adjudicataire de la ferme des impôts, moyennant une redevance annuelle que Petronius Thallus avait cautionnée. Aurelius Romulus manquant à ses engagements, ses biens furent expropriés ; mais ils étaient insuffisants pour faire face au payement de la dette en principal et intérêts. Le fisc fit porter d'abord l'imputation sur les intérêts ; et le surplus étant affecté à l'extinction d'une partie du capital, on s'adressa au fidéjusseur pour obtenir le payement du reliquat. Petronius Thallus soutint que tout ce que l'on avait pu retirer de la fortune du débiteur devait s'imputer sur le principal à sa décharge. Il échoua et il devait échouer (1).

Cependant Cujas et Basnage, par une erreur inexplicable, ont soutenu qu'il ne fallait voir là qu'une décision tout à fait exceptionnelle, motivée par la faveur accordée au fisc, et qui ne devait pas être étendue aux autres circonstances : « Hoc singulare est in conductione vectigalium publicorum, ut qui in certam summam fidejussit, teneatur etiam in usuras ! » — Car, on procède à l'imputation comme si le fidéjusseur était tenu des intérêts, et il est déraisonnable de traiter de la même façon le fidéjusseur qui a cautionné les intérêts et celui qui ne s'est engagé que pour le principal. — Donc, en règle générale, en présence d'un fidéjusseur qui n'a cautionné que le capital, l'imputation doit d'abord se faire sur le capital.

Cujas et Basnage ont vu une exception là où ils auraient dû reconnaître l'application des principes généraux que nous avons développés. L'imputation a lieu de droit sur les intérêts, et le fidéjusseur ne peut contraindre le créancier à se départir de ce mode d'imputation. La fidéjussion est introduite dans l'intérêt du créancier pour augmenter ses sûretés, et elle produirait effet contre lui. En d'autres termes, pour favoriser la caution, on ferait échec aux principes du droit.

Est-il vrai que le résultat de l'article 1254, entendu comme nous

(1) L. LXVIII, § 1, D., De Fidejussoribus.

l'entendons, serait d'assimiler complétement le fidéjusseur qui a cautionné la totalité de la dette à celui qui a cautionné le principal seulement ? Dans notre espèce, si la discussion des biens du débiteur n'avait rien produit pour le créancier, le fidéjusseur eût dû payer le capital tout entier, mais rien que le capital, et le créancier eût perdu ses intérêts. Eh bien ! nous supposons que le fidéjusseur ne paye qu'une portion du capital, et, dès lors, qu'il ne paye que du capital, il ne fait que remplir ses engagements et ne saurait être admis à se plaindre. Si le système de Cujas et de Basnage était exact, pourquoi les fidéjusseurs ne seraient-ils pas admis à imputer sur le principal toutes les sommes qu'antérieurement à la poursuite le débiteur aurait versées au créancier pour intérêts (1) ?

9. L'article 1908 est le corollaire de l'article 1254 : «La quittance du capital, donnée sans réserve des intérêts, en fait présumer le payement et en opère la libération.»

———

CHAPITRE II

DES INTÉRÊTS MORATOIRES

10. En Droit romain, le créancier d'une somme d'argent avait droit aux intérêts de cette somme, à compter du jour où il avait mis le débiteur en demeure. Ces intérêts n'étaient pas plus que dans notre Droit la représentation du préjudice causé au créancier. La loi les fixait à forfait, et le taux auquel elle s'arrêtait habituellement était la centésime (2). Toutefois, dans les actions arbitrai-

____

(1) Ponsot : Du Cautionnement, n°ˢ 115 et 544.

(2) L. XIX, D., De Periculo et commodo rei venditæ; — l. XVII, § 3, ad finem, D. De Usuris.

res, eu égard aux pouvoirs spéciaux qui étaient conférés aux juges le débiteur pouvait être condamné à réparer tout le dommage produit par son retard (1).

Cette règle que les intérêts sont dus *ex mora*, n'était vraie cependant que dans les *bonæ fidei negotia* (2). Lorsqu'il s'agissait de *judicia stricti juris*, le créancier ne pouvait réclamer des usures au débiteur (3).

Mais, dans le cas où un délai de grâce était accordé au débiteur par le jugement ou par la loi (4), le débiteur qui laissait expirer le délai sans remplir ses engagements était de plein droit tenu de payer au créancier *ad usuras centesimas* (5). L'*actio ex stipulatu* était, par une sorte de novation, transformée en une *actio judicati*; et le créancier, qui n'eût pu *ex stipulatu* réclamer des intérêts, pouvait en exiger *ex natura judicati*.

L'ancien Droit, si rigoureux lorsqu'il était question d'intérêts conventionnels, toléra et admit même législativement les intérêts moratoires. L'ordonnance d'Orléans, dans son article 60, porte, en effet, que « contre les condamnés à payer certaine somme de deniers par cédule ou obligation, seront adjugés les dommages et intérêts requis par le retardement dans le payement, à compter du jour de l'ajournement qui leur aura été fait. » — Mais le taux de ces intérêts, qui était annuel, n'était pas déterminé par l'ordonnance d'une façon très-précise. Il variait suivant la qualité des créanciers et la quotité du préjudice causé par le retard du débi-

---

(1) L. II, § 8, D., De eo quod certo loco.

(2) XXXII, § 2, D , De Usuris; — Molitor : Les Obligations en Droit romain, t. 1er, p. 442, n° 330; — Marezoll, § 110. Ed. Pellat, 1840, p. 266.

(3) L. XXXVIII, § 7, D., De Usuris; — l. XXXV, D., De Verbarum significatione.

(4) L. XXXI, D , De re judicata.

(5) L. II, c., De Usur's rei judica'æ. — Perezius : In Codicem, l. VII, t. LIV. Edit. 1615, p. 140 et 150. V. Part. XIV Nanius : Partitiones, l. II, cap. XL. Ed. 1748, p. 214.

7

tour. Toutefois, la pratique des cours de justice ne tarda pas à corriger ce qu'elle regarda comme une imperfection, et, longtemps déjà avant l'édit de février 1770, « non-seulement le taux de l'intérêt était le même pour toutes sortes de créanciers, de quelque état ou qualité qu'ils fussent ; mais même il n'y avait pas d'autre taux que celui du denier vingt (cinq pour cent) dans tout le royaume (1). »

Le Code Napoléon, complété par la loi du 3 septembre 1807, n'a fait que reproduire les dispositions de l'édit de 1770. Nous lisons dans l'article 1153 : « Dans les obligations qui se bornent au payement d'une certaine somme, les dommages et intérêts résultant du retard dans l'exécution ne consistent jamais que dans la condamnation aux intérêts fixés par la loi, sauf les règles particulières au commerce et au cautionnement.

« Ces dommages et intérêts sont dus, sans que le créancier soit tenu de justifier d'aucune perte. Ils ne sont dus que du jour de la demande, excepté dans les cas où la loi les fait courir de plein droit. » — Et la loi de 1807 ajoute : « L'intérêt légal sera, en matière civile, de cinq pour cent, et, en matière de commerce, de six pour cent, aussi sans retenue. »

11. L'article 1153 renferme trois dispositions, et nous allons reconnaître que chacune d'elles déroge aux règles générales, en matière de dommages et intérêts pour les obligations ordinaires.

12. *Première proposition.* — En règle générale, article 1149, « les dommages et intérêts dus au créancier sont de la perte qu'il a faite, et du gain dont il a été privé » : In quantum mea interfuit, id est, quantum mihi abest, quantumque lucrari potui (2).

Au contraire, lorsque le débiteur est obligé à payer une somme

(1) Lecamus d'Houlouve : Traité des Intérêts, 1774, p. 127.
(2) L. XIII, Pr. D., Ratam, rem haberi.

d'argent, et qu'il est en retard dans l'accomplissement de ses obligations, le créancier ne peut demander d'autres dommages et
intérêts que les intérêts légaux de l'argent. La loi, elle-même,
tarife à forfait le préjudice que le créancier a pu éprouver. Il vous
était dû, dit-elle, cent mille francs, payables tel jour. Eh bien! si,
au jour fixé, les cent mille francs vous eussent été payés et que
vous les eussiez placés, vous n'auriez pu retirer de votre argent
que l'intérêt légal. Je vous le donne ; vous ne pouvez vous plaindre. Ou bien, par suite du retard de votre débiteur, avez-vous été
obligé de recourir à un emprunt ? vous avez pu trouver un capitaliste, bailleur de fonds, au taux fixé par la loi, et vous pourrez
lui abandonner en payement les intérêts que vous recevrez de
votre débiteur. Dans un cas comme dans l'autre, il n'y a pas de
préjudice.

Dans les autres obligations, dont la variété est infinie : obligations de donner, de faire ou de ne pas faire, la fixation des dommages et intérêts à *priori* était évidemment impossible. Dans les
obligations qui consistent à payer une somme d'argent, on pouvait éviter l'incertitude et l'arbitraire qui s'attachent à des éva-
luations souvent contestables; et en donnant au créancier l'intérêt
légal, l'intérêt le plus élevé que tout honnête homme puisse retirer de son argent, on le mettait à l'abri de toute perte sans que
le débiteur éprouvât un préjudice.

13. La loi réserve, toutefois, les lois particulières au commerce
et au cautionnement.

La caution qui a payé a son recours contre le débiteur principal, tant pour le capital que pour les intérêts et les frais, et aussi
pour les dommages et intérêts, s'il y a lieu (1).

L'article 178 du Code de commerce prévoit, en matière commerciale une hypothèse voisine: « Celui sur qui une lettre de change

(1) Art. 2028, c. 18.

est tirée refuse de la payer au jour de l'échéance. Le propriétaire de la lettre, qui l'a fait protester, peut, par forme de dommages et intérêts du retard qu'il a souffert, exiger du tireur et des endosseurs le rechange, quand même il excéderait l'intérêt de l'argent. — On appelle rechange le profit qu'il a payé à des banquiers sur le lieu, afin d'avoir de l'argent pour des lettres de change, à la place de celui qu'il devait recevoir sur le lieu (1). A ces deux exceptions, prévues par l'article 1153, nous en ajouterons une troisième écrite dans l'article 1846 du Code Napoléon : « L'associé qui devait apporter une somme dans la société et qui ne l'a pas fait, ou qui a pris pour son profit particulier une somme dans la caisse sociale, en doit les intérêts, sans préjudice de plus amples dommages et ntérêts s'il y a lieu. »

14. Mais, en l'absence de textes, peut-on admettre d'autres exceptions que celles que nous venons d'indiquer ? Par exemple, le débiteur s'est engagé à supporter le poids de tous les dommages que le créancier pourrait souffrir par suite d'une saisie ou d'une expropriation forcée qu'un de ses créanciers personnels dirigerait contre lui et qu'il ne pourrait arrêter par suite du retard mis par son débiteur à lui apporter de l'argent, ou bien le créancier voulait exercer un reméré à l'échéance du terme, et le défaut de payement par le débiteur a mis obstacle à l'exercice de ce droit. Le créancier avait eu soin de stipuler à l'avance que le débiteur devrait l'indemniser du préjudice qu'il éprouverait par suite de cette forclusion. — Ces stipulations sont-elles valables ? — C'est une question très-controversée.

Quelques-uns l'ont résolue affirmativement, et c'est le plus grand nombre (2), s'appuyant sur ce que le débiteur a connu

(1) Pothier : Traité des Obligations, n° 171.
(2) Toullier, t. VI, n° 267 ; — Duranton, t. X, n° 488 ; — Larombière : Théorie et Pratique des Obligations, t. Ier, p. 579, art. 1153, n° 18.

l'événement dont il a garanti les suites ; et il est en faute de ne pas les avoir prévenues en payant au terme fixé par le contrat.

M. Duranton, tout en acceptant ce motif, le fait suivre immédiatement par des considérations qui semblent de nature à proscrire l'opinion qu'il adopte. Il faut, en effet, reconnaître avec Vinnius que, presque toujours, les stipulations qui nous occupent seront des stipulations usuraires : « Monendi sumus, stipulationem pœnalem, adjectam obligationi quantitatis, præsumi in fraudem usurarum factam, atque improbari quatenus pœna legitimum usurarum modum excedit. »

Aussi la loi romaine repoussait-elle toujours ces conventions comme illicites : « Pœnam pro usuris stipulari nemo suprà modum usurarum licitum potest (1). » — Et, sous notre ancien droit Mabillon nous a conservé un exemple d'une pareille stipulation qui, évidemment, devait être frappée de nullité. Pendant la période mérovingienne, un débiteur, recevant une somme d'argent, s'était engagé à la remettre à l'époque fixée par le contrat, promettant de la rendre au double en cas de retard (2) ! — Pothier enseignait la même théorie. Sans doute, l'éminent jurisconsulte, qui se plaisait trop souvent à mettre en opposition le for extérieur et le for intérieur, enseigne que, dans le for intérieur, le débiteur doit plus que les intérêts, si le dommage que le retard a causé au créancier est plus grand que ces intérêts (3). Mais, dans le for extérieur, « comme les différents dommages et intérêts qui peuvent résulter du retard de l'accomplissement de l'obligation qui consiste à donner une certaine somme d'argent varient à l'infini, et qu'il est aussi difficile de les prévoir que de les justifier, il a été nécessaire de les régler comme par une espèce de forfait à

---

(1) L. XLIV, D., De Usuris ; — Cf. l. IX, Pr. D., De Usuris ; — l XV et XVI, c., De Usuris ; — l. XIII, § 26, D., De Actionibus empti et venditi.

(2) Mabillon, formule 59.

(3) Pothier : Traité des Obligations, n° 172.

quelque chose de fixe. C'est ce qu'on a fait en les fixant aux intérêts de la somme due au taux de l'ordonnance (1). »

Aujourd'hui, que dit l'article 1153 ? « Dans les obligations qui se bornent au payement d'une certaine somme, les dommages et intérêts ne consistent jamais que dans la condamnation aux intérêts fixés par la loi... » Jamais, si ce n'est dans les cas limitativement exceptés par la loi. Or, ces exceptions, nous les avons indiquées, et, dans toutes les autres circonstances, l'article 1153 doit être la règle.

C'est qu'en effet, si l'on acceptait la solution proposée par M. Toullier, on donnerait passage à de nombreux procès et les créanciers pourraient, à leur gré, exploiter de malheureux débiteurs. Au moment d'un emprunt, l'on se fait souvent illusion sur l'avenir; on espère pouvoir facilement remplir ses engagements et on accepte les lois, même les plus onéreuses, dans la pensée que l'on pourra s'y soustraire. Sans doute, le débiteur peut échapper à la rigueur de la condamnation en désintéressant le créancier; mais il n'a pas toujours les moyens de le faire. La loi protége l'emprunteur contre ses propres entraînements, et elle ne favorise pas les créanciers qui pourraient aller jusqu'à stipuler des intérêts de cinq pour cent par chaque mois de retard. C'est là ce que la loi n'a pas voulu, et ce qui explique la formule si concise de l'art 1153 (2).

15. *Seconde proposition.* Dans les obligations, en général, le créancier n'a droit à des dommages et intérêts en cas d'inexécution qu'autant qu'il justifie qu'un préjudice lui a été causé, et c'est sur lui qu'incombe le fardeau de la preuve.

Ici, au contraire, le créancier n'a aucune preuve à faire. Le dé-

(1) Pothier : Traité des Obligations, n° 170.
(2) Delvincourt, t. II, notes, p. 533. — Duvergier, t. VI, n°⁸ 284 et 285. — MM. Aubry et Rau posent la question sans la résoudre.

biteur n'a pas payé à l'échéance, il a été mis en demeure : par cela seul, il doit les intérêts au taux légal. C'est que, dans ce cas, la preuve que le défaut d'une somme d'argent a été dommageable au créancier eût été fort difficile. Par cela même que vous, mon débiteur, vous ne m'avez pas payé, je n'ai pu placer mon argent et en retirer des intérêts. Vous me devez donc la réparation du préjudice que ce retard m'a causé.

16. *Troisième proposition.* En général, pour constituer le débiteur en demeure, il suffit d'une simple sommation extra-judiciaire ou de tout autre acte équivalent établissant que le créancier a demandé l'exécution de la convention. Ici, la loi exige une démonstration beaucoup plus énergique. Les intérêts ne sont dus que du jour de la demande. excepté dans le cas où la loi les fait courir de plein droit.

Et la demande dont parle l'article 1153 n'est pas la demande du capital seulement, c'est la demande des intérêts. L'article 60 de l'ordonnance d'Orléans portait : « Seront adjugés les dommages et intérêts requis pour le retardement... » car, « comme des juges ne peuvent condamner quelqu'un à payer des sommes qui ne lui ont pas été demandées, ils peuvent encore moins adjuger des intérêts qui n'ont pas été requis (1). »

La même solution doit être acceptée aujourd'hui, malgré les contradictions dont elle a été l'objet. « Le législateur ne dit pas : du jour de la demande du principal; il dit simplement : du jour de la demande; et, comme il ne parle que des intérêts, ce n'est qu'aux intérêts qu'on peut rapporter ces expressions (2). » — L'article 1207 fortifie encore cette opinion : « La demande d'intérêts formée contre l'un des débiteurs solidaires fait courir les intérêts à l'égard de tous. »

(1) Lecamus d'Houlouve : Traité des Intérêts, p. 146.
(2) Larombière : Théorie et Pratique des Obligations, art. 1153, n° 26.

17. Mais suffirait-il d'une demande formée devant un tribunal incompétent ?

L'affirmative compte de nombreux partisans. On argumente en ce sens de l'article 57, Code de procédure civ., qui met sur la même ligne la demande d'intérêts et l'interruption de prescription. Or, aux termes de l'article 2246, du Code Napoléon la citation en justice, donnée même devant un juge incompétent, suffit pour interrompre la prescription : donc, elle doit aussi faire courir les intérêts. Il y a d'ailleurs parité de motifs. L'action, quoique mal engagée, est un avertissement donné au débiteur et prouve les diligences du créancier.

La négative me paraît plus sûre. On argumente a *pari* de l'article 2246, mais il me semble que l'on devrait plutôt en tirer un argument a *contrario*. Le jugement d'incompétence annulant tous les actes qui l'ont précédé et forçant le demandeur à renouveler son action devant la juridiction compétente, la première demande est réputée non avenue et sans effet. Si la loi a expressément déclaré que, nonobstant ce principe, elle interromprait la prescription, nous ne trouvons rien de pareil pour les intérêts, et nous ne pouvons étendre la solution d'un cas à l'autre.

On comprend, d'ailleurs, aisément que la loi ait distingué entre les deux situations ; dans la prescription il s'agit de conserver un droit ; dans notre hypothèse, il s'agit d'acquérir ; et la loi s'est toujours montrée plus favorable pour celui qui *certat de damno vitando* que pour celui qui *certat de lucro captando*.

Toutefois, dans le cas où une simple mise en demeure suffit, les tribunaux pourraient décider que la demande, formée même devant un juge incompétent, équivaut à une sommation de payer, et adjuger les intérêts au créancier.

18. L'article 1153 nous avertit qu'à cette règle : que les intérêts ne courent qu'en vertu d'une demande, le législateur a cru devoir apporter un certain nombre d'exceptions. Dans plusieurs cas, en

effet, les intérêts courent de plein droit. Ces hypothèses seront l'objet du chapitre suivant.

Dans d'autres circonstances, une simple sommation suffit; telle est la disposition de l'article 474, en ce qui concerne le tuteur : « La loi n'a pas voulu l'obliger à former contre son ancien pupille une demande en justice; et, par suite de leurs relations précédentes, elle s'est contentée d'une simple sommation, tenant peut-être compte aussi de la créance du tuteur, qui proviendra souvent, dans ce cas, d'avances volontairement faites par lui dans l'intérêt du mineur (1). »

CHAPITRE III

DES INTÉRÊTS LÉGAUX

19. Nous venons de voir que, dans certains cas, la loi fait courir les intérêts de plein droit, et indépendamment de toute demande judiciaire. Nous citerons notamment les articles, 455, 456, 474, 1410, 1473, 1548, 1570, 1652, 1846, 1996, 2001 et 2028 du Code Napoléon, et l'article 55 de la loi du 3 mai 1841, sur l'expropriation pour cause d'utilité publique. On a même voulu faire rentrer dans cette énumération l'article 1936 du Code Nap. Nous ne voulons pas nous arrêter à l'examen de chacune de ces dispositions; nous nous bornerons à étudier celles qui soulèvent le plus de difficultés. Nous examinerons donc, dans les cinq sections qui vont suivre, le but, la nature et la portée des dérogations à l'article 1153, que l'on reconnaît ou que l'on croit reconnaître.

1° En matière de dot;

2° En matière de vente;

(1) Demolombe : Cours du Code Napoléon, t. VIII, n° 134. 1re édit., p. 122.

3° En matière de société ;

4° En matière de dépôt ;

5° En matière de mandat.

SECTION Ire

DES INTÉRÊTS DE LA DOT.

20. Nous étudierons successivement ce qui est relatif : 1° à la constitution de dot ; 2° aux récompenses dues par la communauté aux époux, ou par les époux l'un à l'autre ; 3° à la restitution de la dot.

§ 1er

Constitution de dot.

21. L'article 1548 est ainsi conçu : « Les intérêts de la dot courent, de plein droit, du jour du mariage, contre ceux qui l'on promise, encore qu'il y ait terme pour le payement, et s'il n'y a stipulation contraire. »

Cette disposition, que nous rencontrons dans le chapitre du régime dotal, avait été déjà formulée dans l'article 1440, pour le régime de la communauté. « Les intérêts (de la dot) courent du jour du mariage, encore qu'il y ait terme pour le payement, s'il n'y a stipulation contraire. »

Que le législateur fasse courir de plein droit les intérêts de la dot, à compter du jour du mariage (1), rien de mieux assurément ; et cette disposition, qui n'est que la conséquence des principes

_____

(1) Il s'agit ici, bien entendu, du mariage devant l'officier de l'Etat civil, et non du contrat de mariage. C'est, en effet, du jour du mariage seulement que commencent les charges du mari.

écrits dans la loi romaine (1), est facile à justifier : « Dos est quod mulier marito affert ad onera matrimonii ferenda, » disaient les glossateurs. Le mari, pour remplir les obligations qu'il contracte, et pour faire face aux charges de la famille nouvelle dont il va être le chef, a compté sur le bien qu'on lui avait annoncé et qui devait lui être remis lors de la célébration du mariage. Si le constituant manque à sa promesse, s'il diffère l'exécution de ses engagements, la loi, sans qu'il soit besoin de le mettre en demeure, l'oblige à payer des intérêts, et, se fondant sur l'intention présumée et vraisemblable des parties, elle déroge aux règles générales posées par l'article 1153.

22. Mais la loi ne s'est pas arrêtée là, et nous allons nous trouver en face d'une exception beaucoup plus notable aux principes fondamentaux du Droit : les intérêts courent *ipse jure*, encore qu'il y ait terme pour le payement.

L'ancien Droit avait déjà soulevé la question que nos législateurs ont ainsi tranchée. Mais elle avait été l'objet de nombreuses controverses, et les jurisconsultes les plus autorisés étaient loin de s'accorder sur la solution qu'elle devait recevoir.—On invoquait, d'une part, la maxime : Qui a terme ne doit rien ; un de ces vieux brocards du Palais dont parle Platon, frappés dans l'or pur de la raison et du droit commun, et qui cependant puisent souvent plus de force dans leur antique concision que dans l'exactitude philosophique, qui parfois, comme dans l'espèce, leur fait un peu défaut.—D'autre part, on disait que les intérêts de la dot doivent être comparés à des aliments, et que la famille ne peut s'en passer impunément : « Toute dot doit produire naturellement des fruits (2). »

Les rédacteurs du Code Napoléon se sont prononcés dans ce

(1) L. VII, D., De Jure dotium.
(2) Lecamus d'Houlouve : Des Intérêts, p. 20.

dernier sens, le plus favorable, mais aussi peut-être le moins juridique ; et, s'il fallait chercher la raison de leur décision, je ne sais si véritablement on pourrait la trouver ailleurs que dans cet autre brocard que nous a légué le Droit romain : « In ambiguis, pro dote respondere melius est (1). »

Quoi qu'il en soit, cette disposition des articles 1548 et 1440 n'a pas, comme on pourrait le croire, mis fin à toutes les difficultés ; et aujourd'hui encore, on se trouve en présence des deux partis qui existaient autrefois : ceux qui favorisent le dot de tout leur pouvoir et ceux qui cherchent à restreindre loyalement et dans de sage limites une décision qui leur paraît contraire à la vérité des principes.

C'est principalement sur l'étendue à donner aux dernières expressions de nos articles : « S'il n'y a stipulation contraire, » que le conflit existe. Faut-il une stipulation expresse ? Ne suffirait-il pas d'une dispense d'intérêts tacite, résultant des faits et des circonstances ?—Parcourons quelques espèces.

23. C'est, par exemple, un oncle qui veut faire une donation à sa nièce au moment de son mariage, et qui lui constitue en dot une somme de cinquante mille francs exigibles seulement à son décès. On a gardé le silence sur les intérêts. L'oncle devra·t-il les payer pendant l'intervalle qui s'écoulera entre le mariage et sa mort ? On s'accorde généralement à le reconnaître, et il semble bien, en effet, qu'on soit dans les termes de la loi. Les intérêts courent, s'il n'y a de stipulation contraire, lors même qu'il y aurait terme pour le payement. Eh bien! dans l'espèce, il y a terme; terme, il est vrai, dont on ne saurait fixer la durée; mais « la longueur du terme n'implique pas suffisamment la pensée, chez le donateur, de laisser le fardeau tout entier à ses héritiers (2). » —

(1) L. LXXXV, D.; De Reg. juris.
(2) Bonnet : Revue critique, t. XVI, p. 437.

De plus, on n'a rien dit dans l'acte ; on s'est abstenu de faire cette stipulation contraire dont parle la loi.

Et cependant, en présence d'une donation pareille, la première impression n'est-elle pas, en ce sens, que si le donateur a préféré les époux aux héritiers, il s'est lui-même préféré aux époux, et qu'il a entendu ne pas se dépouiller de son vivant ?

Mais poussons plus loin l'analyse juridique, et examinons attentivement les deux faces qu'une donation de cette nature peut revêtir. De deux choses l'une : je peux avoir dit : Je donne au futur conjoint une somme de cinquante mille francs, dont il ne pourra exiger le payement qu'à l'époque de mon décès. — Je peux aussi avoir dit : Je lui donne cinquante mille francs à prendre dans les biens que je laisserai dans ma succession.

Dans le dernier cas, je ne crois pas que l'on puisse soutenir sérieusement que le mari serait en droit d'exiger des intérêts. C'est là purement et simplement une donation de biens à venir, qui serait nulle partout ailleurs que dans un contrat de mariage (1). Elle ne saisit pas actuellement et irrévocablement le donataire, elle lui confère seulement une expectative pour le cas où il survivrait au donateur. Son droit n'existera réellement et véritablement que lors du décès de celui-ci, et les intérêts ne doivent naturellement commencer à courir en faveur des conjoints que lorsque leur droit est acquis et certain. Si nous nous plaçons dans la première hypothèse, lorsque le donateur a dit que l'on ne pourrait exiger le payement qu'à l'époque de son décès, il me semble que nous sommes en présence d'une stipulation tacite renfermant une dispense d'intérêts. Le donateur doit être réputé avoir dit aux époux : « Je vous avantage dès maintenant et irré-

(1) Suivant certains auteurs, elle serait nulle, même dans un contrat de mariage. — Je préfère, pour ma part, l'opinion généralement reçue qui veut que l'institution contractuelle puisse comprendre même un objet particulier. Les expressions de la loi sont assez larges pour s'appliquer à ce genre de libéralité.

vocablement; mais vous ne pourrez rien exiger de mon vivant : vous pourrez seulement vous adresser à mes héritiers et leur réclamer les cinquante mille francs que je vous donne. Pour moi, j'entend rester à l'abri de vos poursuites et conserver, sinon a propriété, au moins la jouissance de ces cinquante mille francs.»

Eh bien ! soit, dit-on ; les intérêts ne courront pas contre vous, mais ils courront contre vos héritiers ; et lors de votre décès, quand le principal sera devenu exigible, nous pourrons réclamer d'eux, comme disait la loi romaine, *sortem et usuras*, le capital d'abord, plus les intérêts depuis le jour du mariage jusqu'au jour du payement.

On aurait déjà à se demander s'il ne faudrait pas, au moins, dans tous les cas, limiter cette prétention par la disposition de l'article 2277 du Code Napoléon. Je ne m'explique pas encore sur ce sujet : j'y reviendrai plus tard. Mais, je suppose même que les époux ont fait des actes conservatoires pour protéger leur droit; qu'à l'expiration de chaque période de cinq années, ils ont interrompu une prescription qui court, je ne saurais trop dire au profit de qui, et qu'ils viennent maintenant réclamer vingt, trente et quarante années d'intérêt. — Croyez-vous qu'en leur accordant un pareil droit, vous tiendrez compte de l'intention probable du donateur qui leur a donné cinquante mille francs et dont les héritiers auront à payer cent mille francs, beaucoup plus peut-être, au point d'absorber, par cette agglomération d'intérêts la fortune du donateur ?

Toute cette matière des donations à terme est difficile. Bien loin d'être d'accord sur les effets de pareilles libéralités, les jurisconsultes les plus recommandables discutent encore sur la validité ou la non-validité des clauses de ce genre; et si, récemment, cette théorie s'est un peu élucidée sous la plume d'un savant magistrat, M. le conseiller Bonnet, il reste encore beaucoup à faire pour l'éclaircir complétement. Ce n'est donc qu'avec une certaine hésitation, en présence surtout des tendances, non pas seulement générales, mais universelles de la doctrine, que je m'arrête au sentiment que je viens de présenter. Mais je suis frappé en ce sens que le renvoi fait par le donateur de l'exigibilité de la donation au jour de son décès implique, à lui seul, et sauf la preuve contraire que l'on pourrait déduire des circonstances, une dispense tacite d'intérêts, satisfaisant au vœu des expressions finales de notre article.

24. Que faudrait-il décider dans le cas où la constitution de dot serait d'une créance qui ne produirait pas d'intérêts? Je suis créancier sur Primus d'une somme de cent mille francs, remboursables sans intérêt, dans cinq ans de ce jour. Un de mes parents étant sur le point de se marier, je lui constitue en dot cette créance. Les époux pourront-ils exiger des intérêts ?

Dans l'ancien Droit, on le décidait ainsi (1); et, dans le Droit moderne, c'est encore l'opinion de M. Toullier (2), qui, toutefois, affirme plutôt qu'il ne discute.

J'admettrais volontiers cette doctrine si la constitution de dot était ainsi faite : Je vous constitue en dot cent mille francs, et pour vous remplir de cette somme, je vous cède une créance de cent mille francs que j'ai sur un tiers.

Mais si c'est la créance elle-même qui a fait l'objet de la constitution dotale, je ne saurais concéder que des intérêts puissent être dus Ce que j'ai constitué en dot, c'est la créance elle-même, telle que je l'avais. Improductive dans mes mains, elle restera improductive dans les mains des époux. On a dit avec raison qu'il en est de ce cas comme de celui où le mari accepterait en dot une terre stérile (3); il n'a pu compter sur les produits pour subvenir aux besoins du ménage. Je ne me suis pas constitué vis-à-vis des

(1) Lecamus d'Houlouve : Traité des Intérêts, p. 20.
(2) T. XIV, n° 97.
(3) M. Odier, n° 1184.

époux débiteur personnel d'une somme d'argent. Je n'ai contracté d'autre obligation que celle de leur garantir l'existence de la créance, de leur en remettre les titres et de les subroger au droit que j'avais en ma personne d'en obtenir le payement. Par la remise des grosses, par l'abandon des droits que je pouvais exercer contre les débiteurs des créances données en dot, moi constituant, je me suis libéré de mon obligation, et, dès lors, on ne peut exiger de moi des intérêts.

C'est en ce sens que la doctrine se formule aujourd'hui (1), et ici, suivant moi, elle est dans la vérité. La solution contraire amènerait, M. Toullier lui-même le confesse, une injustice palpable au préjudice de la femme, ou du constituant quel qu'il soit.

Et que l'on ne s'étonne pas de la distinction que je fais entre le cas où la créance improductive d'intérêts a fait l'objet direct et principal de la constitution dotale, et celui où l'on s'est borné, même dans le contrat de mariage, à indiquer cette créance comme devant servir au payement d'une dot promise en argent. Dans ce dernier cas, en effet, le constituant s'est personnellement obligé au payement d'une somme et les article 1440 et 1548 retrouvent leur application. Ce qui engendre des intérêts c'est l'obligation personnelle.

Les Romains, d'ailleurs, nous avaient donné, dans une matière voisine de la nôtre, l'exemple d'une pareille distinction. Je veux parler des dispositions relatives à la garantie que le mari, évincé d'une chose donnée en dot, pouvait exercer contre le constituant. — Pour savoir si le mari évincé avait le droit d'agir contre la personne qui avait constitué la dot, il fallait distinguer, malgré la généralité apparente des expressions de la loi 31. D., *De jure dotium.* — Si une chose avait été livrée au mari, sans promesse

____

(1) Duvergier : Sur Toullier, loc. cit. — Delvincourt, t. III, notes, p. 103. — Duranton, t. XV, p. 458. — Troplong, n° 1255. — Aubry et Rau : Sur Zachariæ, t. IV, p. 196, § 500.

antérieure et sans estimation, le constituant qui n'avait contracté aucune obligation personnelle, ni par diction, ni par stipulation, ni par estimation (l'estimation valait vente au mari, s'il n'y avait stipulation contraire), n'était pas tenu d'indemniser le mari évincé, à moins qu'il n'y eût eu dol de sa part.—Si, au contraire, on avait procédé par voie de diction ou de stipulation, ou même si, en l'absence de ces deux modes, la chose avait été remise avec estimation sans déclaration que l'estimation n'en valait pas vente au mari, dans ce cas, celui-ci pouvait agir en garantie contre le constituant qui avait contracté une obligation personnelle, celle de transférer la propriété au mari, et qui n'avait pas exécuté cette obligation.

Cette distinction qui, comme on le voit, est complétement identique à celle que nous avons présentée, résulte d'un rescrit de Sévère et de Caracalla qui est devenu la loi 1. C., *De jure dotium;* et, comme elle repose sur une analyse très-exacte des deux opérations différentes en présence desquelles nous nous sommes placé, elle doit recevoir son application dans notre Droit.

25. Nous pouvons supposer maintenant que la constitution de dot comprend, non plus des sommes d'argent, ni des créances, mais des immeubles ou même des choses qui ne sont pas susceptibles de produire de fruits, comme des meubles, des bijoux, des vêtements ; nos articles devront-ils recevoir leur application ?

On répond généralement (1), pour les immeubles, par l'affirmative; par la négative pour les objets non frugifères, mais en ajoutant, pour ces derniers, que si le donateur, par le retard qu'il met à en opérer la délivrance, causait un préjudice aux époux, ceux-ci pourraient en obtenir la réparation en demandant aux

(1) Duvergier : Sur Toullier, t. XIV. — Aubry et Rau : Sur Zachariæ, t. IV, § 500. — Odier, n° 1150. — Troplong, n° 1256.

tribunaux des dommages et intérêts qui seraient fixés par le juge, *ex œquo et bono*.

J'accepte très-volontiers cette décision en ce qui concerne les choses improductives de fruits, et je me borne à faire remarquer que la loi 31, § 2, C., *De jure dotium*, fortifie cette interprétation en déclarant que ces choses ne produisent intérêt qu'autant qu'elles auront été estimées. C'est toujours une conséquence de ce principe que, l'estimation valant vente, nous sommes en présence d'une obligation personnelle qui tombe sous le coup des dispositions de la loi et qui doit produire des intérêts. Mais, quant aux immeubles, je ne souscrirais pas de tous points à la doctrine qui est généralement enseignée, et, ici encore, je proposerais une distinction.

Oui, lorsque le constituant s'est obligé purement et simplement à remettre aux époux un immeuble, et qu'il laisse le mariage s'accomplir sans exécuter son engagement, lorsqu'il diffère la réalisation de son obligation, il sera tenu de réparer le tort que sa morosité et sa négligence auront causé aux époux, et il devra leur payer des dommages et intérêts qui seront le plus habituellement la représentation des fruits que l'immeuble aura produits.—Je dis le plus habituellement. Je ne crois pas, en effet, que les dommages et intérêts doivent être nécessairement l'équivalent des fruits perçus par le débiteur en retard. Nous sommes ici dans une matière laissée à l'appréciation des Tribunaux, qui pourront tenir compte des faits et des circonstances. Il se peut en effet que, grâce aux soins intelligents que l'immeuble aura reçus du débiteur morosif, agriculteur actif et laborieux, le champ ait produit beaucoup plus que s'il eût été à l'époux, laboureur paresseux et négligent. On pourrait aussi renverser l'hypothèse, rencontrer le zèle chez l'époux, l'incurie chez le constituant. Dans le premier cas, le jeune ménage réaliserait un bénéfice sur lequel il n'a pas dû compter, si on lui adjugeait tous les fruits produits par l'immeuble. Dans le second cas, il éprouverait une perte, si on le forçait à se contenter d'une valeur réprésentant des récoltes peu abondantes ou mal recueillies.

C'est au juge à apprécier souverainement l'étendue du préjudice causé aux époux par le retard du constituant, et à leur en octroyer la réparation.

. Mais on peut supposer, et j'arrive ici au second terme de ma distinction, que le donateur s'est réservé un délai pour la délivrance de l'immeuble ; et l'on dit qu'il devra remettre aux époux, dans l'intervalle du mariage, à l'échéance du terme, les fruits qui auront été produits par l'immeuble! C'est là, à mon sens, exagérer singulièrement la portée de nos articles. N'oublions pas, en effet, que nous sommes toujours en présence des articles 1440 et 1548, qui ne parlent que d'intérêts, et que, dès lors, ces questions, qui semblent nous éloigner de notre sujet, sont cependant encore de notre domaine, puisqu'il s'agit seulement de savoir si, dans l'expression intérêts, on doit aussi comprendre les fruits.

Eh! bien, à mon avis, c'est la solution contraire qui devrait prévaloir, car nous ne nommes ni dans le texte, ni dans les motifs du texte.

Nous ne sommes pas dans le texte, et comme les articles 1440 et 1548 sont une dérogation aux règles du droit commun, nous ne devons pas chercher à les étendre. L'attention du législateur s'est portée uniquement sur les sommes d'argent promises par un constituant. Les intérêts (quand il s'agit d'un immeuble, on dit les fruits) courent de plein droit... Jamais, si ce n'est dans l'article 1570, on n'a dit que les fruits courent de plein droit, et si l'on y rencontre cette locution exceptionnelle, c'est qu'elle est caractéristique de l'idée essentielle qui préside à l'acquisition des fruits par le mari, et à la distribution qui s'en fait à la dissolution du mariage, entre le mari et la femme ou leurs héritiers. La règle, c'est qu'alors tous les fruits, quels qu'ils soient, sont civilisés, comme on le dit, et c'est là ce que le législateur a voulu énergiquement manifester..... Encore qu'il y ait terme pour le payement...

pour les immeubles, il n'y a pas payement : il y a délivrance. Aucun des termes employés par l'article ne s'applique donc aux fruits.

On cherche ailleurs un argument et on va le puiser dans le discours du tribun Duveyrier : « En général, les intérêts d'une somme due à terme ne sont légitimes que par le retard du payement. Mais la dot, sous quelque rapport qu'elle soit constituée, est inhérente au mariage pour lequel elle est promise et payée. Il est de la nature de cet engagement que ses droits naissent et que ses fruits commencent avec la cause qui le produit (1). »

Si l'on cherchait à analyser rigoureusement chacune des expressions du tribun, on aurait peut-être certaine difficulté à leur trouver un sens logique et rationnel. La clarté n'est même pas ce que l'on a le plus à louer dans le passage que je viens de transcrire. Et cependant, n'est-il pas facile de voir que l'attention de l'orateur au tribunat ne s'est portée que sur une dot constituée en argent ? « Les intérêts d'une somme due à terme... payement... payée..., « mots qui révèlent la préoccupation de M. Duveyrier, et qui ôtent toute importance à l'expression générique « fruits » par laquelle le tribun résumait sa pensée.

Mais, en admettant même qu'on puisse, sans les détourner de leur véritable sens, s'emparer de ces quelques lignes pour s'en faire une arme contre nous, il faut reconnaître que des explications bien vagues, sans contredit, fournies par un de ceux qui n'ont fait que discuter la loi, sans avoir à la préparer, ni à la voter, ne sauraient prévaloir à l'encontre du texte et des motifs du texte.

Car, on ne saurait invoquer davantage les raisons qui ont pu déterminer le législateur à édicter les articles 1548 et 1440. J'ai déjà eu l'occasion, en parlant des constitutions de sommes exigibles au décès du donateur, de m'expliquer sur la portée et l'éten-

---

(1) Locré : Législation civile, t. XIII, p. 381.

due à donner à ces expressions de notre article : « Sauf stipulation contraire, » et j'ai dit, que, à mon avis, du moins, l'on ne devait pas exiger une stipulation formelle et expresse ; que la défense de payer des intérêts pouvait facilement s'induire des circonstances et de la volonté présumée du donateur. Or, quelle est ici la présomption de volonté ?

Sans doute, quand il s'agit de capitaux, on peut facilement supposer que le donateur ne les a pas à sa disposition ; qu'il veut, en se réservant un terme, prendre un délai pour les réaliser suivant sa convenance et son plus grand avantage ; que, peut-être déjà réalisés, il les a employés à un placement fructueux qui les retiendra quelque temps encore ; et on oblige le constituant à tenir compte aux époux d'une somme que la loi a déterminée à forfait, dans l'impossibilité où elle était de préciser quel serait le produit que les époux eussent pu retirer de la dot, si elle leur avait été immédiatement délivrée. — Mais, ici, le donateur était en possession de son immeuble ; il pouvait le remettre incontinent aux époux ; ou bien, s'il en jouissait par l'intermédiaire d'un fermier, il pouvait subroger les époux à tous ses droits contre le fermier. — Il ne l'a pas fait. Il a eu, sans doute, ses raisons. Il voulait peut-être, en réservant pour lui toutes les peines et toutes les fatigues de la culture, ne transmettre à ceux qu'il dotait que le produit net et clair de ses labeurs ; ou, s'il avait loué son immeuble, il tenait à traiter lui-même avec les fermiers, à surveiller de près ou de loin leur exploitation, à percevoir lui-même l'argent de leurs fermages, pour ensuite le transmettre aux époux ; dans les deux cas, gardant pour lui ce qui peut être pénible, et ne laissant au mariage que le soin d'encaisser les sommes que, de temps à autre, il irait lui verser ! — Ce serait, j'en conviens volontiers, le comble du désintéressement, et le donateur se montrerait aussi généreux que possible. Mais n'est-il pas plus exact de penser que le constituant a entendu garder les produits de l'immeuble, comme compensation des soins qu'il aurait à prendre pour la conservation et le bon entretien du fonds ?

Ma conclusion serait donc que, dans ce cas, les fruits ne seraient pas dus par lui ; d'autant plus que s'il est facile de déterminer le chiffre des intérêts produits par une somme d'argent, il est souvent plus délicat d'indiquer exactement le *quantum* des fruits produits par un immeuble, alors surtout que le donateur le cultive lui-même.

De tout ce qui précède, je ne prétends pas induire que jamais les fruits ne sont dus par le constituant qui aura donné un immeuble en se réservant un terme pour la délivrance. Ce que je soutiens seulement, c'est que les présomptions doivent être, jusqu'à preuve contraire, en ce sens que le donateur a dû se les réserver, et que les époux n'ont pas pu compter sur eux pour faire face aux besoins du ménage. Ce sera aux tribunaux à apprécier si, en fait, les contractants n'ont pas entendu déroger à cette règle.

26. Nous avons déjà plusieurs fois répété que les intérêts de la dot sont dus par le constituant, afin de donner au mari le moyen de subvenir à l'entretien de la femme, et de faire face aux charges de la famille. Mais on peut supposer que le donateur, dans l'intervalle du mariage au payement de la dot, a fourni aux époux le logement, l'entretien et la nourriture. Ceux-ci seront-ils encore fondés à réclamer des intérêts ?

La loi 69, § 3, D., *De Jure dotium*, leur refusait ce droit : « Promissas usuras vir improbe petit, » et on repoussait leur demande par une exception du dol (1). L'ancien Droit admit cette règle, et elle est encore, sous notre Droit, l'opinion de M. Delvincourt (2) et de quelques juriconsultes.

(1) Conf., l. XLII, § 2, D., Solutio matrimonio.

(2) M. Delvincourt commet, selon moi, une erreur lorsqu'il distingue entre le cas où il n'a été rien dit des intérêts dans le contrat de mariage, et celui où ils ont été expressément stipulés. Dans la première hypothèse, si le constituant a fourni des aliments, le mari ne pourrait réclamer les intérêts de la dot ; mais, dans la seconde hypothèse, il pourrait les réclamer, sauf le droit pour le

Je crois cependant qu'il est plus juste de répondre avec M. Merlin, que le droit accordé aux époux par les articles 1440 et 1548, de réclamer des intérêts, n'est nullement compromis dans la circonstance qui nous occupe. Le constituant pourra seulement exiger qu'on lui tienne compte de la valeur du logement et de la nourriture qu'il a fournis aux époux. Si la destination des intérêts est de subvenir aux besoins du ménage, il n'en résulte pas que leur valeur soit complétement adéquate à cette destination ; ils peuvent être plus ou moins considérables, et, de même que le mari ne pouvait pas, en cas d'insuffisance, s'adresser au constituant pour obtenir un supplément, de même il n'est pas tenu de justifier que les sommes par lui dépensées égalent le chiffre des intérêts. Ce sont deux créances distinctes qui existent corrélativement : la créance du mari pour les intérêts de la dot; la créance du donateur pour l'entretien des époux. Lorsqu'elles seront liquidées, la compensation s'opérera donc jusqu'à due concurrence ; et, s'il y a un excédant, celui qui sera reconnu créancier pourra le réclamer (1).

27. Il n'est pas besoin de faire remarquer que, si, en promettant des intérêts, le constituant s'était en même temps chargé de l'entretien des époux, cet entretien serait considéré comme faisant partie de la constitution dotale, et le mari pourrait exiger simultanément les intérêts et l'exécution de la promesse qui lui a été faite.

28. Mais que faudrait-il décider lorsque, sans s'obliger expres-

constituant de lui opposer la compensation jusqu'à concurrence de la valeur des aliments fournis. — Qu'importe, que l'on se soit ou non expliqué sur les intérêts, puisque, grâce à la prévoyance de la loi, ils courent de la même façon dans les deux cas ? Les deux hypothèses doivent donc recevoir la même solution, et rien ne me paraît justifier la distinction proposée par l'éminent jurisconsulte.

(1) Merlin : Intérêts, § 2. — Troplong, n° 3096. — Odier, n° 1156.

sément à payer des intérêts aux époux, le constituant a pris dans le contrat de mariage l'obligation de subvenir à leur entretien, et de leur donner la nourriture et le logement? Cette hypothèse diffère de celle que nous avons examinée en ce que, dans le premier cas, le contrat de mariage ne renfermait de stipulation ni pour les intérêts de la dot, ni pour l'entretien des époux. Ici, nous trouvons, au contraire, une stipulation relative à l'entretien des futurs conjoints.

M. Bonnet (1), qui semble avoir en vue notre question, pense que la promesse de ces prestations ne saurait se confondre dans les obligations du donateur, avec les intérêts duquel elles sont évidemment demeurées distinctes dans l'intention des parties.

Il me parait assez difficile de donner à *priori* une solution à cette difficulté, et les circonstances du fait devront exercer une grande influence sur les décisions à intervenir. Mais, cessant tout renseignement de cette nature, je ne serais nullement frappé par ce caractère d'évidence dont parle le savant magistrat. Bien différente est alors l'intention du donateur. Il a voulu offrir aux époux, à forfait, ce que la loi regarde, dans certaines circonstances, comme l'équivalent des intérêts ; et comme, d'une part, les donations ne se présument pas ; comme, d'autre part, il s'agit ici encore de revenir à la rigueur des principes auxquels nos articles font échec, je serais fort porté à reconnaître pour le constituant, dans la clause qui nous occupe, une dispense de payer des intérêts.

29. Dans toutes les hypothèses que nous venons de parcourir et où nous avons cru rencontrer la stipulation contraire, expresse ou tacite, suspendant le cours des intérêts, lorsque la cause qui faisait obstacle à leur perception vient à disparaître, ils reprennent immédiatement leurs cours sans qu'il soit besoin d'aucune demande judiciaire (2).

(1) Revue critique, t XVI, p. 439.
(2) Poitiers, 28 mars 1860. — D. P. 60, 2, 168.

30. Les règles que nous avons exposées doivent recevoir leur application, « mutatis mutandis et quoàd subjectam materiam, » lorsque la constitution dotale, au lieu d'émaner d'un tiers, a été faite par l'époux lui-même. Nous aurons seulement à nous demander, lorsque nous examinerons si l'article 2277 s'applique aux intérêts de la dot, s'il ne faut pas, à ce point de vue, faire une différence entre la dot constituée par un tiers et celle constituée par l'un des époux.

§ 2.

Intérêts des récompenses.

31. Des récompenses peuvent être dues : 1° par la communauté aux époux; 2° par les époux à la communauté ; 3° par les époux l'un à l'autre. Comment ces diverses créances produiront-elles intérêt ? La loi distingue entre les relations des époux avec la communauté et les relations des époux entre eux. Le premier rapport est réglé par l'article 1473 ; le second, par l'article 1479.

32. Article 1473 : « Les remplois et récompenses dus par la communauté aux époux et les récompenses et indemnités par eux dues à la communauté emportent les intérêts de plein droit, du jour de la dissolution de la communauté. »

On a donné comme motif de cette nouvelle dérogation à l'article 1153 que, la communauté étant dissoute et n'ayant plus de chef, il n'y a plus d'action à exercer contre elle et que, dès lors, une demande judiciaire serait sans objet (1).

Ce point de vue ne me paraît pas exact, et c'est, je le crois, dans le rapprochement des principes de la communauté et de la société qu'il faut chercher la justification de notre article.

(1) Rodière et Pont : Contrat de Mariage, t. I, n° 729.

La loi n'a pas assimilé complétement la communauté et la société. Ayant égard aux différences essentielles qui séparent la société ordinaire de l'association conjugale, qui comprend tout à la fois les biens et les personnes, elle n'a pas cru devoir étendre de l'une à l'autre certaines règles rigoureuses et de nature à troubler peut-être la paix du foyer domestique. L'associé qui fait un apport de fonds à la société réclame dans les bénéfices sociaux, à compter du jour de son apport, une part proportionnelle à sa mise (art. 1853); et, réciproquement, l'associé qui prend une somme dans la caisse sociale, et qui l'emploie à son profit, doit en payer l'intérêt à partir du jour où il l'a prise (art. 1846). Mais ces comptes, ces règlements pécuniaires, auxquels il faut se livrer à des époques périodiques, sont incomptatibles avec cette société spéciale qui résulte du mariage : « Inter conjuges res non sunt amare tractandæ.» Les pouvoirs spéciaux du mari administrateur, l'état de soumission et de dépendance de l'époux, s'opposent à des opérations de ce genre. Un travail sans contrôle sérieux aurait pu avoir pour résultat d'enrichir la communauté au détriment de la femme, et le mari lui-même aux dépens de la communauté. — Celle-ci, d'ailleurs, aux termes de l'article 1401, gagne tous les revenus actifs; aux termes de l'article 1409, elle supporte tout le passif correspondant à l'actif qu'elle encaisse : de telle sorte que, pendant sa durée, il s'opère en elle une confusion incessante des intérêts actifs qu'elle perçoit et des intérêts passifs qu'elle acquitte.

La loi a donc cru devoir suspendre l'application des deux règles formulées dans les articles 1846 et 1853. Mais, lorsque la communauté est dissoute, le législateur n'a plus à observer les mêmes tempéraments. La situation change ; les choses reprennent leur cours normal; la masse sociale se décompose; les reprises que l'époux peut exercer s'en détachent et s'en séparent; le moment est arrivé aussi où l'époux, s'il est débiteur, doit acquitter sa dette. De plein droit, les intérêts vont courir, afin que les lenteurs possibles d'une liquidation ne causent aucun préjudice au créancier, époux ou communauté.

Rien n'est donc plus sage que la disposition de l'article 1473. Ajoutons encore que rien n'est plus simple et plus clair.

33. On a élevé cependant une difficulté, et on s'est demandé si la femme pouvait se prévaloir de notre article lorsqu'elle renonce à la communauté, ou si, au contraire, pour faire produire des intérêts à ses reprises, elle devait dans ce cas recourir à une demande en justice.

Et quelques-uns, se fondant sur la place qu'occupe dans le Code l'article 1473, ont soutenu qu'une demande était nécessaire. La loi, dans la section V, s'occupe du partage de la communauté après l'acceptation. Or, ici, la femme n'accepte pas, elle renonce ; donc, nous ne sommes pas dans les termes de l'article.—Et rien n'est plus rationnel, ajoute-t-on ; qu'on se rappelle l'adage : « Mulier non est socia; sed speratur fore.» La femme qui renonce n'a jamais été commune. La communauté se confond, par sa renonciation, dans la personne du mari. La femme n'a plus qu'une créance personnelle à exercer contre son époux, et c'est l'article 1479 qui doit recevoir son application.

Cette argumentation n'est pas sans valeur, et cependant elle a rallié bien peu de partisans. C'est qu'en effet, je ne crois pas que l'ordonnance de notre Code soit assez rigoureusement exacte pour qu'on puisse attacher une très-grande importance à la place qu'occupe un article. Ce qu'il faut examiner avant tout, c'est le caractère même de la disposition. Les motifs que nous venons d'indiquer, comme étant la base de l'article 1473, sont indépendants du point de savoir s'il y a, oui ou non, acceptation. Ils trouvent leur application dans les deux circonstances. La communauté s'est enrichie aux dépens de l'épouse. Normalement et régulièrement, elle aurait dû payer des intérêts à compter du jour où elle a fait ce profit. La condition des époux s'y est opposée. Aujourd'hui, l'obstacle n'existe plus : la communauté ne perçoit plus les revenus de la femme ; la règle générale doit reprendre son empire. Les intérêts courront de plein droit au profit de la femme, de même que la femme, si elle est débitrice envers la communauté, devra, de plein droit, des intérêts.

La femme qui renonce est réputée, dit-on, n'avoir jamais été commune. C'est là une maxime que chacun répète, et qui pourtant n'est écrite dans aucun texte et n'a rien de fondé. On a comparé avec raison la femme qui renonce à un associé commanditaire. De même que celui-ci, quand la société marche à sa ruine, perd sa mise, de même la femme perd sa mise quand elle renonce. Dira-t-on cependant que l'associé commanditaire n'a pas été associé ? Non, assurément. Eh bien, il en doit être de même de la femme. Il a existé une communauté qui est débitrice vis-à-vis d'elle et qui doit payer sa dette. Que l'on ne dise donc pas que la créance de la femme contre la communauté s'est métamorphosée en une créance personnelle contre le mari.

Sans doute, par suite de la renonciation de la femme, ces créances, quant à leur mode de recouvrement, ont une certaine similitude avec les créances personnelles contre le mari ; mais elles ont une autre origine. C'est la dot de la femme qui est en jeu, et « tout ce qui est dot, ou tient lieu de dot, disait Lebrun, se doit restituer avec intérêts. » Quand il s'agit d'une simple créance personnelle de l'époux contre l'époux, dans les termes de l'article 1478, qu'on procède où qu'on agisse suivant les règles du droit commun ; rien de mieux. Il n'y a pas alors de motifs pour se montrer plus favorable à l'époux qu'à tout autre créancier. Mais ici, c'est la dot que l'on réclame, la dot que la loi a toujours envisagée avec tant de sollicitude, et l'on doit tenir compte des différences que le législateur a établies entre la créance personnelle et la créance sociale. La renonciation de la femme, cette renonciation qui a été introduite dans son intérêt, ne peut être, pour elle, la source d'un préjudice; et le mari n'est pas fondé à s'enrichir et à conserver pour lui les intérés de la dot.

Aussi, sous l'empire de notre ancien Droit, qui admettait la disposition de l'article 1473 (1), un arrêt du Parlement de Paris, de 1673, avait déjà consacré l'opinion que nous adoptons, et Bourjon (2) disait qu'on doit suivre, dans le cas de renonciation, les mêmes règles que dans le cas d'acceptation, c'est-à-dire que le mari n'a droit aux fruits des propres de la femme que jusqu'au jour de la dissolution de la communauté.

Ainsi donc, sans distinction entre le cas d'acceptation et le cas de renonciation, l'article 1473 doit toujours recevoir son application (3).

34. Dans les relations des époux entre eux, la règle générale : « Nulla intelligitur mora ibi fieri, ubi nulla potitio est (4) » retrouve son empire. Il s'agit alors d'une créance ordinaire qui ne mérite pas plus de faveur que toute autre créance. Aussi l'article 1479 nous dit-il que « les créances personnelles que les époux ont à exercer l'un contre l'autre ne portent intérêt que du jour de la demande en justice. » Il faut, toutefois, entendre raisonnablement cette disposition. Elle soumet les époux aux régles du droit commun en ce sens que, là où des étrangers devraient avoir recours à une demande judiciaire, les époux ne seront pas affranchis de l'accomplissemnnt de cette formalité. Mais, si la créance de l'époux est de telle nature qu'en règle générale elle produise des intérêts de plein droit et indépendamment de toute demande, vainement on argumenterait de la généralité des expressions de l'article 1479

---

(1) Pothier : Introduction à la Coutume d'Orléans, t. X, n° 134.

(2) Bourjon : Droit commun de la France, t. I, p. 043. Ed. de 1770.

(3) Aubry et Rau, d'après Zachariæ, § 511, t. IV, p. 304. — Troplong, n° 1708. — Odier, n° 582.

(4) L. LXXXVIII, D., De Regulis juris.

pour soutenir que le conjoint sera traité plus défavorablement qu'un étranger. Ce serait faire violence à la pensée de la loi, qui est de mettre sur la même ligne les créances personnelles des époux l'un contre l'autre, et celles qu'ils pourraient avoir sur des tiers. L'article 1479 a eu pour but d'arrêter l'extension trop grande qu'on eût voulu donner à l'article 1473; mais il ne s'est nullement proposé de traiter les époux avec plus de rigueur que tous autres créanciers (1).

§ 3.

Restitution de la dot.

35. Trois causes peuvent donner naissance à l'obligation, incombant au mari, de restituer la dot que la femme lui a apportée : 1° la mort de la femme ; 2° la mort du mari ; 3° la séparation de biens.

36. 1°.—Article 1570 : « Si le mariage est dissous par la mort de la femme, l'intérêt et les fruits de la dot à restituer courent de plein droit, au profit de ses héritiers, depuis le jour de la dissolution.»

La dot avait été apportée au mari pour faire face aux charges du mariage. Elle a actuellement rempli sa destination : «Cessante causa, cessant effectus.» Le mari n'a plus de charges à supporter. La dot doit donc être immédiatement restituée aux héritiers de la femme; et, si le mari manque à son obligation, il doit les intérêts de plein droit et sans aucune demande judiciare.

Cette règle est incontestable lorsque la dot consiste en immeubles ou en meubles non estimés par le contrat de mariage, ou en meubles mis à prix, mais avec déclaration que l'estimation n'en

____

(1) Marcadé, sur l'art. 1478, n° 2.

ôte pas la propriété à la femme. Remarquons, toutefois, que dans ces diverses hypothèses, prévues par l'article 1564, il s'agit plutôt de fruits que d'intérêts. Mais, lorsque la dot consiste en une somme d'argent, ou en meubles mis à prix par le contrat sans déclaration que l'estimation n'en rend pas le mari propriétaire, des doutes peuvent s'élever.

37. Dans ce cas, en effet, la loi, pensant que le mari ne conserve pas dans sa caisse des valeurs pécuniaires considérables ; qu'en bon père de famille il emploie ses capitaux à des placements productifs, qui lui permettent de soutenir l'association conjugale, lui accorde, *miserationis intuitu*, à l'exemple de la loi romaine, un délai d'un an pour procéder au recouvrements de ses deniers et en faire la restitution. Les héritiers de la femme pourront-ils réclamer les intérêts de la dot pendant l'année de grâce qui est accordée au mari ?

A Rome, la loi unique, C., § 7, « De Rei uxoriæ actione, » se prononçait pour la négative ; et cette solution avait été admise dans beaucoup de pays de droit écrit, sous la condition, toutefois que, pendant cette année, les héritiers du mari prédécédé fourniraient à la femme la nourriture et l'entretien : « Plane quamdiu peti dos non potest, id est intrà annum luctus, usuras præstari non oportet, quippe quæ non propter lucrum potentium, sed propter moram non solventium infliguntur. Mora autem esse non potest ubi nulla petitio est. Sed ideo nimirum constitutum fuit ut toto eo anno viduam alere mariti hæredes debeant, eique vestes lugubres, aliaque in genus ad victum et vestitum necessaria præbere. »

Quoique le président Favre ait surtout en vue, dans ce passage, le cas où la femme survit au mari, les mêmes règles, étaient appliquées à l'hypothèse qui nous occupe avec cette différence, toutefois, que le mari conservait pour lui tous les intérêts, et n'était pas tenu de fournir aux héritiers de la femme « vestes lugubres, victum et vestitum. »

Je ne crois pas que la même solution puisse être admise dans notre Droit. L'article 1570, par la généralité de ses expressions, s'applique aussi bien à l'hypothèse de l'article 1565 qu'à celle de l'article 1564. Les intérêts de la dot courent de plein droit, dit-il; or, ici, la dot consiste en une somme d'argent; donc, cette somme d'argent doit produire des intérêts, de plein droit.

Ajoutons que lorsque l'article 1570 emploie l'expression intérêts, c'est qu'il a en vue l'article 1565, et non pas l'article 1564, dont le texte n'énumère que des objets productifs de fruits, et non pas des choses susceptibles d'engendrer des intérêts, comme celles qu'indique l'article 1565.

Il y avait d'ailleurs mêmes raisons de decidér. L'article 1570 n'est que la contre-partie et la corrélation de l'article 1548. Les intérêts courent de plein droit, au profit du mari, à partir de la célébration du marirge; de même, ils cessent de courir à son profit, dès le jour de sa dissolution. Le mari n'a droit aux fruits et aux intérêts que dans la proportion du temps pendant lequel il a soutenu les charges du mariage. Or, nous avons vu que si la loi accordait surséance au mari, c'était pour qu'il pût faire rentrer les sommes qu'il avait placées. S'il en est ainsi, qu'il tienne compte à la femme ou à ses héritiers du produit qu'il retire de ces sommes dotales, c'est là quelque chose d'équitable et de rationnel, que l'article 1570 permet de faire prévaloir.

30 II°. — Si le mariage est dissous par la mort du mari, la femme a le choix d'exiger les intérêts de sa dot pendant l'an de deuil, ou de se faire fournir des aliments pendant ledit temps aux dépens de la succession du mari; mais, dans les deux cas, l'habitation pendant cette année et les habits de deuil doivent lui être fournis sur la succession et sans imputation sur les intérêts à elle dûs. » (Art. 1570.)

Que veut dire cet article ? Je ne me l'explique pas très-bien. Et cependant, lors de sa promulgation, aucune observation ne l'a accompagnée, et depuis lors, les commentateurs se sont bornés à l'analyser, sans chercher à pénétrer dans quel sens il fallait l'entendre.

La rédaction me parait confuse, inexacte et ambiguë. Le législateur ne parle plus que d'intérêts, tandis que, dans le premier paragraphe, il parlait à la fois des intérêts et des fruits. Je crois qu'il a eu tort d'abandonner cette formule, qui seule me parait exacte et de nature à tout concilier. — Il proclame que la femme a le droit d'exiger les intérêts de sa dot pendant l'an du deuil... Qu'est-ce que l'an du deuil ? Sous le régime de la communauté, on expulse la femme de la maison conjugale au bout de trois mois et quarante jours ; sa première douleur doit être apaisée. Mais la femme dotale aura, elle, un an pour pleurer son mari. Pourquoi cette différence ? C'est que les rédacteurs de l'article 1570 avaient présent à l'esprit cette année de surséance accordée par l'article 1565 et l'année de surséance est devenue dans l'article 1570 l'année de deuil.

Si, de la forme, je passe au fond, je dis qu'entendu à la lettre, notre article produirait des résultats déplorables. En veut-on un exemple ? La dot de la femme consistait en immeubles d'une valeur considérable et en capitaux montant seulement à quelques milliers de francs. Les héritiers du mari restituent sans délai la dot immobilière, mais ils se prévalent de l'article 1565 pour la restitution de la dot mobilière. La femme pourra-t-elle leur dire : Je refuse les intérêts de cette dot mobilière, et je veux que vous me fournissiez des aliments aux dépens de la succession de mon mari ? Est-ce possible ? Oui, si l'on s'en tient à la lettre du texte. Non, si l'on fait appel aux plus élémentaires principes d'équité et de justice.

Ce ne peut pas être là le véritable sens de l'article 1570. Il faut lui en chercher un autre. Eh bien, voici quelle est, selon moi, l'interprétation qu'il doit recevoir. Je me place dans deux hypothèses.

Première hypothèse. — Les héritiers du mari viennent dire à la femme : Votre dot, nous vous la restituons intégralement, non-seulement les objets mentionnés dans l'article 1564, mais encore ceux qu'indique l'article 1565. Nous renonçons au bénéfice du terme qui a été introduit en notre faveur. Tous vos biens vont vous être remis immédiatement ; vous aurez l'habitation et les vêtements de deuil ; mais nous ne vous payerons pas d'intérêts et nous ne vous fournirons pas d'aliments.

Doit-on accueillir cette prétention ? Je ne vois pas sur quels motifs on s'appuierait pour la repousser. Vainement, la femme dirait-elle : La loi m'a conféré un droit d'option, et vous ne pouvez me l'enlever et m'en dépouiller. Le terme a été accordé au mari et à ses héritiers, *miserationis intuitu.* Pourquoi ne pourraient-ils pas y renoncer ? L'article 1570 vous a donné un droit d'option pour le cas où ils pourraient être tenus de vous payer des intérêts ; mais ils ont entre les mains des capitaux suffisants pour vous rembourser votre dot. Ils craignent les chances de perte et les risques d'insolvabilité des emprunteurs auxquels ils les remettraient. Rien ne s'oppose à ce qu'ils se libèrent. Les convenances de la femme seront d'ailleurs suffisamment protégées. La succession du mari lui fournira, pendant un an, l'habitation et les vêtements de deuil. Mais la femme administrera elle-même sa fortune, surveillera ses placements et assumera sur sa tête la responsabilité des opérations qu'elle aura faites. Je ne connais aucun texte qui oblige les héritiers du mari à se constituer administrateurs de la fortune de la femme ; on doit donc les autoriser à repousser une charge que l'on veut faire peser sur eux, et à laquelle ils ont le droit de se soustraire.

Seconde hypothèse. — Les héritiers sont prêts à rendre la dot consistant en corps certains ; mais il leur faut un délai pour la restitution des choses fongibles. La femme pourrait-elle leur dire : Je m'empare de l'article 1564 : rendez-moi immédiatement les objets énumérés dans cet article ; j'en percevrai les revenus et les fruits, et j'en disposerai au gré de mes désirs; quant aux autres valeurs dotales, gardez-les pendant le délai d'un an ; mais je ne vous en demande pas les intérêts : vous me fournirez des aliments ?

Ce raisonnement de la femme, envisagé au point de vue des textes, est inexpugnable, je le crois fermement; et cependant le résultat est tel qu'il est impossible d'en nier l'injustice flagrante. Il faut donc essayer de s'y soustraire, en faisant à l'article 1570 sa part d'application et en l'écartant dans toutes les autres circonstances.

Voici le cas que le législateur a dû avoir en vue, et dans lequel la solution empruntée à notre article n'a rien de blessant pour l'équité : c'est celui où la dot tout entière de la femme consiste en choses fongibles, et où les complications des deux articles 1564 et 1565 ne se présentent pas. Les héritiers demandant un délai d'un an pour la restitution de la dot, la femme sera en droit d'exiger d'eux, soit des intérêts, soit des aliments. On s'explique alors l'absence du mot fruit dans l'article 1570, puisque la dot ne comprend pas de choses frugifères, dans l'acception spéciale de ce mot.

Mais, si l'on suppose réunis dans la dot les biens des articles 1564 et 1565, je demande comment on pourra sortir de la difficulté. — Je crois, pour ma part, que les héritiers du mari pourraient alors dire à la femme : De deux choses l'une : ou bien nous allons vous remettre immédiatement les corps certains constitués en dot, et nous vous payerons les intérêts du surplus, sans que vous puissiez exiger de nous des aliments ; ou bien, vous réclamez des aliments, soit ; nous garderons votre dot tout entière et nous en percevrons les fruits et les intérêts. La loi a considéré que les aliments étaient la représentation de tous vos revenus. Vous ne pouvez pas faire peser sur une portion spéciale de ces revenus l'obligation de subvenir à vos dépenses. Eh quoi ! vous encaisseriez et vous utiliseriez les revenus de vos immeubles pendant que nous, sur notre propre fortune, nous ferions face à vos besoins ? Il n'en est pas ainsi. Ce que vous pouvez faire, c'est nous laisser votre dot tout entière, si nous consentons à nous charger de ce fardeau, et alors vous pourrez nous demander, soit des intérêts, soit des aliments ; ou nous abandonner seulement cette portion de votre dot dont s'occupe l'article 1565, et alors nous ne vous devrons que des intérêts ; pas d'aliments.

En résumé donc, lorsque la femme survit, les héritiers du mari sont en droit de lui remettre immédiatement sa dot entière, et ils ne lui devront ni intérêts, ni aliments. — Ou, au contraire, ils continueront de percevoir les fruits et intérêts de la dot entière, et la femme pourra exiger d'eux, soit des intérêts, soit des aliments, selon qu'elle avisera. — Ou, enfin, les héritiers ne conserveront que les choses pour lesquelles il est accordé un délai de surséance, et rendront le surplus à la femme. Dans ce cas, celle-ci ne pourra demander des aliments, elle sera seulement admise à réclamer des intérêts.

Tel me paraît être le sens de l'article 1570, bien interprété. Il ne semble pas prévoir les diverses distinctions que je viens de formuler ; mais, en les exprimant, je crois être dans son esprit, et m'inspirer de la pensée de ses rédacteurs. Autrement, on violerait les principes de l'équité. C'est déjà bien assez que, sous prétexte que la femme ne peut pas être expulsée du domicile conjugal comme une misérable concubine, et qu'elle ne doit pas pleurer son mari à ses dépens, on grève les héritiers du mari de la charge de fournir l'habitation et les vêtements de deuil à la femme, sans que l'on doive chercher encore à interpréter rigoureusement les dispositions ambiguës de l'article 1570 pour aggraver les obligations qui pèsent sur la succession.

39. La loi ne nous dit pas, dans le second paragraphe de l'article 1570, que les intérêts courent de plein droit, et indépendamment de toute demande judiciaire. En faut-il conclure que la femme survivante sera tenue d'adresser une demande aux héritiers du mari, pour faire courir contre eux les intérêts ? — La négative me paraît certaine. Dès lors que le législateur, dans l'article 1570, 1°, faisait courir les intérêts de plein droit au profit des héritiers de la femme contre le mari lui-même, a *fortiori*, il en devait être ainsi lorsqu'on se trouvait en face de la femme et des héritiers du mari. C'est là ce qui explique le silence de notre texte.

40 III°. — Nous avons ajouté que le mariage pouvait encore être modifié par la séparation de biens, qui oblige le mari à restituer la dot de la femme.

On aurait pu contester que l'article 1570 s'appliquât à cette hypothèse : il ne prévoit que le cas de décès du mari ou de la femme; et, comme il renferme une disposition rigoureuse, dérogatoire à la règle posée par l'article 1153, on aurait peut-être été tenté de dire qu'alors les intérêts ne seraient dus qu'à compter du jour de la demande intentée par la femme, conformément à l'article 1153. — Cependant, on s'est accordé à reconnaître l'extension de notre article à la séparation de biens. Le législateur s'est occupé de l'hypothèse la plus ordinaire, et aussi la plus naturelle. Lui-même a payé tribut à ce vieil adage : *malum omen non est providendum*. Les raisons de décider ne sont-elles pas toutes les mêmes ? mais alors, à partir de quelle époque courent les intérêts ? Sur ce point, grande controverse dans l'ancien Droit; et la lutte n'est pas moins vive aujourd'hui. M. Zachariæ dit : du jour de la demande; M. Troplong : du jour du jugement de séparation; M. Odier : tantôt l'un tantôt l'autre, suivant qu'il traite du régime en communauté ou du régime dotal; M. Tessier, enfin, fait une distinction : ou le mari a supporté les charges du mariage jusqu'au jugement, et les intérêts ne courent qu'à partir de cette époque; — ou bien,

pondant l'instance, la femme a vécu séparée de son mari et a
pourvu elle-même à ses besoins, alors les intérêts courent du jour
de la demande. Au milieu de ce conflit d'opinions, où est la vérité ? (1) Pothier laissait la question à l'arbitrage du juge. On
comprend assez que nous ne pouvons nous contenter de cette solution (2).

Pour soutenir que les intérêts ne doivent courir qu'à compter
du jugement qui prononce la séparation de biens, M. Troplong
s'appuie sur l'autorité de l'ancien Droit, et il invoque un arrêt du
8 avril 1672 qui n'a adjugé à la femme les intérêts de sa dot que
du jour de la sentence de séparation. En second lieu, les intérêts
sont, en général, la peine d'un retard dans le payement. Or, toute
séparation volontaire étant nulle, le mari ne pouvait remettre à
la femme les intérêts de sa dot avant le jugement. Il serait
donc injuste de permettre qu'on le punit pour une faute dont il
n'est pas coupable. Enfin, jusqu'au jugement de séparation, c'est
le mari qui doit supporter les charges du mariage. Or, les intérêts
de la dot sont destinés, nous l'avons vu, à faire face à ces obligations. Il est donc équitable que le mari en ait la jouissance
jusqu'au moment où ces obligations s'éteignent. Graves raisons
qui ont déterminé la Cour de cassation lors de son arrêt du
28 mars 1848 (3) !

Je crois, cependant, qu'à l'argumentation de M. Troplong
on peut répondre victorieusement, et aux trois raisons qu'il a
invoquées j'oppose les trois considérations suivantes :

1° L'éminent auteur se fait une étrange illusion lorsqu'il
cherche à sa théorie un appui dans l'ancienne jurisprudence.
Pothier, lui-même, nous indique que l'usage du Châtelet était
contraire à la théorie de l'arrêt de 1672, et le moyen terme

(1) M. Tessier : De la Dot, t. II, p. 207, n° 128, note 1082. — Odier,
n°s 420 et 1399. — M. Troplong, n°s 1381 et 3672.

(2) De la Communauté, n° 521.

(3) Cass , 28 mars 1848, Devill. 48, 1. 354.

indiqué par le savant auteur du *Traité de la Communauté*, qui s'en remet à la sagesse du juge, indique suffisamment que la doctrine de l'arrêt n'avait pas fait fortune, et qu'elle rencontrait encore des contradicteurs. La pratique du Châtelet de Paris était de donner aux sentences de séparation de biens un effet rétroactif au jour de la demande de séparation, et, comme conséquence, on adjugeait à la femme, du jour de là demande de séparation, les intérêts de la dot que le mari était condamné à lui restituer par la sentence de séparation.

2° Mais, en admettant même, ce qui n'est pas, que la thèse de M. Troplong fût exacte dans l'ancien Droit, il n'en faudrait pas aujourd'hui tirer un grand argument. Notre législation s'est montrée plus rigoureuse que l'ancienne jurisprudence pour tout ce qui concerne les intérêts de la dot; c'est ce que nos explications antérieures ont pu déjà établir. Sans doute, en règle générale, les intérêts sont la peine d'une faute ; mais ici il en est tout autrement. Les articles 1440 et 1548, en obligeant au payement des intérêts celui-là même qui a stipulé un terme pour sa libération, en sont une preuve évidente. Nos intérêts ne sont pas seulement des intérêts moratoires, ce sont des intérêts légaux, dus en vertu seulement des prescriptions de la loi et indépendamment de tout retard, sans que l'on ait à examiner si le mari pouvait ou non se libérer.

3° Enfin, et c'est un argument qui me paraît péremptoire et décisif, l'article 1445, 2°, déclare que le jugement qui prononce la séparation de biens remonte, quant à ses effets, au jour de la demande. Contestez, si vous le jugez à propos, l'application de l'article 1570 à la séparation des biens. Mais, dès que vous l'admettez, vous devez faire produire au jugement l'un de ses effets les plus importants, celui que nous indique l'article 1445. Nos anciens auteurs ne s'y étaient pas trompés, et la logique des praticiens du Châtelet n'avait pas méconnu quels liens intimes rattachaient les deux questions.

Toutefois, nous admettrons volontiers que le mari qui, pendant l'instance, aurait supporté les charges du mariage, pourrait opposer en compensation à la femme les dépenses qu'il a faites pour elle. C'est une application de ce principe de souveraine justice et de haute équité : « Nemo cum alterius detrimento locupletari potest; » et cette concession enlève au système que nous défendons, tout ce qui pourrait le faire envisager comme préjudiciable au mari. C'est qu'en effet, si nous faisons peser sur le mari l'obligation de payer les intérêts de la dot à compter du jour de la demande comme conséquence de l'article 1445, nous appliquons à la femme l'article 1448 avec la même étendue, et nous l'astreignons à contribuer aux charges de la famille à compter du jour de la demande.

Aussi, nous préférons à la théorie de la Cour suprême la doctrine d'un arrêt de la Cour de Limoges, du 17 juin 1835, dans une espèce où, cependant, la cause du mari se présentait sous des dehors bien favorables : la femme était condamnée pour adultère, et le mari dut, néanmoins, payer les intérêts de la dot à compter du jour où il avait introduit sa demande.

SECTION II.

DES INTÉRÊTS D'UN PRIX DE VENTE.

41. L'article 1652 est ainsi conçu : « L'acheteur doit les intérêts du prix de la vente jusqu'au payement du capital, dans les trois cas suivants : s'il a été ainsi convenu lors de la vente; si la chose vendue et livrée produit des fruits ou revenus; si l'acheteur a été sommé de payer. Dans ce dernier cas, l'intérêt ne court que depuis la sommation. »

Ainsi donc, en général, un prix de vente ne produit pas d'intérêts, et ce n'est que par exception, dans les cas limitativement déterminés par la loi, que le vendeur sera fondé à en réclamer de l'acheteur. Mais aussi, dans les trois cas spécialement prévus par le législateur, dès que la circonstance qui donne passage au cours des intérêts sera réalisée, ils courront immédiatement et de plein droit.

Notre article 1652 a été emprunté presque littéralement à Domat, qui lui-même l'avait tiré du Droit romain : « L'acheteur doit en trois cas l'intérêt du prix : par convention s'il est stipulé ; par la demande en justice, si, après le terme, il ne paye pas ; et par la nature de la chose vendue, si elle produit des fruits ou autres revenus, comme un champ ou une maison : l'intérêt en est dû sans convention, ni demande en justice (1). »

Nous allons rapidement parcourir les trois hypothèses, prévues par nos textes, dans lesquelles l'acheteur est obligé au payement des intérêts. Dans la première, il s'agit, à proprement parler, d'intérêts conventionnels ; dans la seconde, d'intérêts légaux ; dans la troisième, d'intérêts moratoires. Nous les réunirons, cependant, pour ne pas scinder notre article.

§ 1er.

Intérêts conventionnels.

42. L'acheteur doit les intérêts de son prix s'il a été ainsi convenu lors de la vente. C'est une conséquence du principe écrit dans l'article 1134 : « Les conventions légalement formées tiennent lieu de loi à ceux qui les ont faites. » Les intérêts doivent courir alors du jour du contrat. — M. Troplong s'est demandé, toutefois, ce qui arriverait si, la vente portant sur une chose qui n'est pas frugifère, et les parties ayant stipulé que les intérêts du prix seraient dus au vendeur, un terme avait été accordé à ce dernier

(1) Lois civiles, l. I, t. II, sect. 3, n° 6. — L. VI, C., De Pact. Int.

pour la délivrance. Les intérêts ne devraient-ils courir que du jour où la délivrance serait faite, ou faudrait-il les faire remonter au jour du contrat ? — Et l'éminent jurisconsulte a répondu que les intérêts ne seraient dus qu'à partir de la délivrance, par ce motif qu'il serait exorbitant de voir le vendeur recueillir tout à la fois les fruits de la chose qu'il détient encore et les intérêts du prix (1).

Je le dis, avec tout le respect dû à l'imposante autorité du premier magistrat de la Cour suprême, il y a là évidemment une inadvertance. Sur quel objet la vente a-t-elle porté ? Sur une chose improductive de fruits. Et l'on nous dit qu'il y aurait injustice à laisser les fruits au vendeur ! Mais quels fruits le vendeur percevrait-il, puisque la chose n'est pas frugifère ? Je crois, pour ma part, que la généralité des expressions de l'article 1562 doit conduire à décider que, même avant la délivrance de la chose, l'acquéreur devra payer les intérêts de son prix. C'est là ce qui sépare la première hypothèse de la seconde, dans laquelle la loi exige la délivrance. Ici, c'est dans la convention, et non pas dans la nature de la chose que l'obligation de payer des intérêts prend naissance. J'écarterais donc, comme n'ayant pas de raison d'être, la solution proposée par M. Troplong.

§ 2.

Intérêts légaux.

43. L'acheteur doit les intérêts de son prix, si la chose vendue et livrée produit des fruits ou autres revenus.

Le motif de cette disposition est bien simple : l'acquéreur ne peut tout à la fois jouir des produits de la chose qu'il a achetée et des bénéfices de l'argent qu'il doit au vendeur ; et, corrélativement, le vendeur ne peut être dépouillé en même temps de la chose et

(1) Traité de la Vente, n° 601.

des avantages qu'il aurait la faculté de retirer du prix qui la représente : « Cum re emptor fruatur, æquissimum est eum usuras
pretii pendere » (1). « Rien de plus juste, disait M. Faure, dans
son rapport au Tribunat; si le vendeur eût conservé la chose, les
fruits ou revenus eussent été pour lui. Les intérêts du prix doivent
donc lui tenir lieu de cette jouissance jusqu'à ce qu'il ait reçu le
prix représentatif de la chose (2). »

Les raisons que nous venons d'indiquer me font penser volontiers
que, dans ce cas, ce n'est qu'à partir de la délivrance que le vendeur sera en droit de réclamer des intérêts. Déjà la loi romaine
disait : « Veniunt usuræ pretii post diem traditionis (3), » et
la loi 16, § 1, D , *De Usuris*, ajoutait plus énergiquement encore :
« Cum usuræ pretii fundi ab eo qui a fisco emerat peterentur, et
emptor negaret traditam sibi possessionem imperator decrevit, iniquum esse usuras ab eo exigi, qui fructus non percepisset. » —
Dans notre ancien Droit, Pothier ne soumet l'acheteur au payement
des intérêts que du jour qu'il est entré en possession et jouissance
de la chose (4). — Enfin, on ne saurait nier que l'attention des rédacteurs du Code s'est portée sur la nécessité de la délivrance :
« Si la chose vendue et livrée... » — Aussi, pour que les intérêts
courussent du jour de la vente, il faudrait une stipulation formelle
des contractants.

44. Les anciens auteurs se demandaient si la règle que l'article 1652 a fort sagement reproduite ne devait pas recevoir échec
lorsque le vendeur, en faisant immédiatement la délivrance, accordait à son acquéreur un délai pour le payement. Et l'opinion,
généralement reçue et adoptée par Pothier lui-même, se formulait
dans les distinctions suivantes : De deux choses l'une : ou le dé-

(1) L. XIII, § 20, D., De Actionibus empti et venditi.
(2) Locré : Législation civile. t. XIV, p. 201.
(3) L. XIII, § 20, D , De Act. empti et venditi.
(4) Traité de la Vente, n° 283.

lai n'est que le résultat de la bienveillance du vendeur qui s'abstient de diriger contre son acquéreur des poursuites rigoureuses, et, dans ce cas, tout le monde s'accorde à reconnaître que le vendeur a droit à des intérêts.

Ou, au contraire, le terme a été expressément accordé à l'acheteur ; alors, nouvelle distinction.

Si la concession du terme est contemporaine de la formation du contrat de vente, les intérêts du prix ne seront pas dus par l'acquéreur pendant le délai accordé, encore bien que l'acquéreur jouisse de l'objet vendu, d'un immeuble, si l'on veut. On en donne plusieurs motifs. D'abord, tout pacte obscur et ambigu doit s'interpréter contre le vendeur (1). Or, le vendeur pouvait stipuler que l'acheteur serait tenu de payer des intérêts pendant le terme qui lui était concédé. Il ne l'a pas fait.

En second lieu, on peut croire que, dans la fixation du prix, les parties ont tenu compte de cette jouissance que l'acquéreur anrait tout à la fois de l'immeuble et du prix. « Elles sont censées être convenues d'un prix plus fort qu'il ne l'eût été sans cette clause. Le vendeur ne peut donc plus exiger les intérêts comme le prix de cette jouissance, puisqu'il en est payé sur le prix principal, dans lequel celui de cette jouissance est entré (2). » Le doute peut au moins exister sur ce point, et nous savons que, dans le doute, c'est le vendeur qui doit succomber.

M. Troplong indique un troisième motif, dont il prétend trouver la trace dans l'achinée, et qui aurait contribué à accréditer cette opinion dans l'ancien Droit ; l'usure était alors sévèrement prohibée par les législations civile et canonique, et l'esprit des jurisconsultes était habile à découvrir tout moyen détourné par lequel les parties seraient arrivées à éluder la loi. Or, concéder un terme

(1) Art. 1602, Cod. Nap. — L. XXXIX, D., De Pactis. — L. XXI et XXXIII, D., De Contr. empt.

(2) Pothier : De la Vente, n° 280.

à son acquéreur, laisser le prix entre ses mains à la charge pour lui de payer des intérêts, pouvait voiler un véritable prêt, et le prêt ne devait pas être le principe d'une perception usuraire.

Je crois que M. Troplong a exagéré une idée qui est vraie en elle-même. Si la préoccupation des jurisconsultes avait été celle qu'indique l'éminent auteur, non-seulement ils eussent dispensé l'acquéreur de payer des intérêts en l'absence d'une stipulation expresse faite par le vendeur, mais ils auraient encore sévèrement interdit cette stipulation elle-même et l'auraient frappée de nullité lorsqu'elle se serait manifestée. Or, tous s'accordaient à reconnaître que « si, lors de la vente d'un immeuble, il est convenu que l'acquéreur sera mis en possession, et que néanmoins il n'en payera le prix que dans un certain temps, à la charge d'en payer les intérêts pendant le même temps, la convention est licite et les intérêts sont dus (1). » — Ce qu'il faut reconnaître avec Fachinée (2), c'est que l'opinion contraire avait été très-anciennement suivie par quelques docteurs ; mais, à l'époque même où elle était en crédit, on avait trouvé moyen d'y échapper en conseillant au vendeur de conserver par devers lui la propriété jusqu'à payement du prix, et de louer, dans l'intervalle, la chose à l'acheteur moyennant un prix qui n'avait rien d'illicite, et qui ne pouvait tomber sous la dénomination d'usure. On n'avait pas tardé, toutefois, à reconnaître combien la sévérité des docteurs était exagérée. Si la vente avait été consentie sans terme et que l'acheteur fût venu à différer le payement du prix, il devait des intérêts comme conséquence de son retard. Qu'y avait-il d'illicite dans le fait des parties qui, par une stipulation expresse, arrivaient à un résultat que la loi leur permettait d'atteindre sans convention ? — Nous écarterons donc le troisième motif indiqué par M. Troplong, pour nous en tenir aux deux motifs que nous avons d'abord indiqués et qui se lient intimement l'un à l'autre.

(1) Lecamus d'Houlouve, p. 70. — Pothier : De la Vente, n° 285.
(2) Controv. juris, l. II, cap. XXXII. Ed. de 1000, p. 234.

Si, au contraire, et c'est le second membre de la sous-distinction, la concession du terme est postérieure au contrat de vente, l'acheteur n'en devra pas moins payer des intérêts au vendeur. On ne peut plus, en effet, dire alors que les parties, dans la fixation du prix, ont tenu compte du délai accordé par le vendeur.

Ces distinctions trouvent encore aujourd'hui des partisans, et, d'après M. Molitor, elles paraissent équitables, et dès lors décisives (1).

Pour ma part, je crois cependant que, sans distinction aucune, le vendeur, dans tous les cas, aura droit aux intérêts du prix.— Ce n'est pas que je regarde, avec M. Troplong, la loi 13, § 21, D., *De Act. empti et vend.*, comme formelle en ce sens. Le jurisconsulte romain suppose que l'acquéreur est mis en possession précaire, ce qui implique l'idée que l'acheteur obtient un terme pour le payement. Mais, pour sauvegarder ses droits, le vendeur se réserve la faculté d'agir plus tard en revendication, dans le cas où l'acheteur manquerait à l'exécution de ses obligations.—La loi oblige alors l'acquéreur à payer des intérêts jusqu'au payement de son prix : « Volunt autem in hoc judicium usuræ pretii post diem traditionis. Possessionem autem traditam accipere debemus, etsi precaria sit possessio. »—Et M. Troplong en induit cette conséquence très vraisemblable et qui paraît, en effet, résulter de la loi, que la concession d'un terme ne fait pas obstacle au cours des intérêts.

Cet argument serait péremptoire si le pacte de précaire était représenté par les textes comme contemporain de la vente, ou s'il devait toujours et nécessairement intervenir au moment de la formation du contrat. Or, rien n'indique, en fait, à quel moment on doit reporter la naissance de ce pacte; et, en droit, il faut reconnaître qu'il pouvait avoir lieu postérieurement au contrat de vente.—A Rome, l'acquéreur qui avait acheté sans terme ne de-

(1) Les Obligations en Droit romain, t. II, p. 43, n° 407.

venait propriétaire que par le payement du prix. On peut supposer que la vente a été d'abord faite sans terme. Plus tard seulement, le vendeur a concédé un terme à l'acheteur en recourant à un pacte de précaire pour conserver des garanties contre une insolvabilité possible.—Ainsi entendue, la loi 13, §§ 20 et 21, est sans influence sur la solution de la question qui nous occupe, puisque la théorie contraire pourrait s'en emparer et soutenir qu'elle ne fait que fortifier la distinction par elle présentée.

Mais l'argument décisif doit être puisé dans l'article 1652, qui ne fait aucune distinction. L'acquéreur doit l'intérêt du prix de la vente jusqu'au payement du capital, si la chose livrée et vendue produit des fruits ou autres revenus. Nous supposons ces diverses conditions réunies. Donc, l'acheteur doit des intérêts.—On ne peut raisonnablement soutenir que les rédacteurs du Code n'ont eu en vue, en édictant l'article 1652, que les ventes sans terme. Ils n'ignoraient pas que, dans les ventes immobilières les plus importantes, un délai est presque toujours accordée à l'acheteur.— Sans doute, les pactes obscurs s'interprètent contre le vendeur. Mais ici, c'est la loi elle-même qui a stipulé, et, pour faire tomber la prescription législative, c'était à l'acquéreur de faire insérer dans le contrat une clause dérogeant aux dispositions de la loi.

On ajoute que, dans la fixation du prix, les parties ont tenu compte du terme accordé par le vendeur. Rien d'impossible à cela, et, si l'acquéreur peut fournir la preuve de son allégation, je veux bien reconnaître, avec M. Duvergier et M. Molitor, que l'on devra repousser, dans cette circonstance, la prétention du vendeur réclamant des intérêts.—Mais c'est là une question de fait, et ce que j'examine n'est qu'une question de droit. Or, en droit, est-ce par un capital, est-ce par une somme d'argent que l'on reconnaît habituellement le bénéfice du terme? Nullement; c'est par des intérêts. C'est là une vérité qui ne saurait être mise en doute dans le contrat de *mutuum*, et la même considération trouve sa place dans notre espèce.

Ma conclusion est donc que, dans tous les cas et sans qu'il y ait à se préoccuper de la concession d'un terme pour le payement du prix, l'acheteur d'un objet productif de fruits doit payer des intérêts à son vendeur.

45. Toutefois, M. Troplong, dont je viens de suivre l'opinion, apporte, sur la foi de Pothier, un tempréament à sa doctrine. Postérieurement à la vente, le vendeur, par son testament, accorde un délai à l'acheteur. Celui-ci serait par là dispensé de payer des intérêts aux héritiers de son vendeur. Le seul motif qu'en donne Pothier, et après lui M. Troplong, c'est que : « les dispositions testamentaires qui renferment par leur nature une libéralité que le testateur veut faire à celui au profit de qui elles sont faites, doivent s'interpréter favorablement : « In testamentis plenius voluntates testantium interpretantur (1). »

Je ne fais pas cette concession, et, sur le point particulier qui nous occupe, je m'en tiens à la solution que j'ai exprimée sur la question générale. Le testateur a voulu conférer un avantage à son acheteur. Mais le bénéfice du terme n'est-il pas à lui seul un avantage, et, au fragment inventé par Pothier, ne pourrais-je pas opposer un autre fragment du Digeste : « Nummis indistincte legatis, hoc receptum est, ut exiguiores legati videantur (2) » ? La volonté du testateur est susceptible de deux sens. Je lui fais produire effet en l'interprétant de la façon qui me semble le moins préjudiciable à l'héritier.—Et quant au motif tiré de la loi 12, *De Reg. juris*, indépendemment de la trop grande généralité de ses expressions et de l'échec qui lui est fait par les lois que je viens d'indiquer, il ne me semble pas très-péremptoire. Il faut bien reconnaître que, sans témoigner de la répugnance pour les disposi-

(1) L. XII, D., De Regulis juris.
(2) L. LXXV, D., De Legatis, 3°. — On peut rapprocher de ce texte la loi 39, § 6, D , De Legatis, 1°, et la loi 12, § 2, D., De Usu et Habitatione.

tions testamentaires, notre législateur est loin de les envisager avec la faveur tout exceptionnelle qui les entourait à Rome. Le testament doit donc être interprété par l'article 1652 et les héritiers du vendeur auront, comme leur auteur, le droit de réclamer des intérêts.

46. Dans l'ancien Droit, la crainte de l'usure avait suscité une autre question qui préoccupait les docteurs. Comme les intérêts étaient la représentation des fruits produits par l'objet vendu, si, pour une cause ou pour une autre, l'immeuble devenait stérile, l'acheteur pouvait-il se faire décharger de l'obligation de payer des intérêts? Et beaucoup répondaient affirmativement, assimilant l'acheteur au locataire (1). Rien de plus logique que cette solution, si l'on songe que le principe alors en vigueur était ainsi formulé par Perezo : « Venditor usuras pretii non soluti recipit usque ad quantitatem fructuum rei emptæ et traditæ (2)..» Les fruits perçus, telle était la mesure des intérêts dus par l'acheteur. Or, il était évident que, lorsque aucuns fruits n'avaient été perçus, l'acquéreur ne devait rien au vendeur.

Cependant, dès le temps de Fachinée, cette solution rencontrait déjà des contradicteurs, et plusieurs enseignaient que, même en l'absence de fruits produits par l'immeuble, l'acquéreur devait des intérêts. On argumentait en ce sens de la généralité des expressions de la loi 2, C., *De usuris*, qui ne se préoccupe pas du point de savoir si la chose a été ou non frugifère, et on en donnait pour raison : « Quod ejus modi usuræ propter perfidiam emptoris debeantur, quia, scilicet cum rem acceperit, non exequitur id quod debet et pretium non solvit (3). »

De ces deux solutions, il n'est pas douteux que la seconde seule

_____

(1) Art. 1769 et suiv. Cod. Nap.
(2) Perezius : Ad Codicem, l. IV, t. XLIX, § 18 et 19. Ed. de 1645, p. 211
(3) Fachinæus : Controv. juris, l. II, chap. xxxii. Ed. de 1600, p. 232

10

peut être admise dans notre Droit. L'acquéreur perçoit tous les fruits, quelque considérables qu'ils soient, et le vendeur a droit seulement aux intérêts fixés par la loi. C'est une compensation à forfait que le législateur a établie ; il n'a pas tenu de compte entre le vendeur et l'acheteur. L'acquéreur est devenu propriétaire, et la chose est à ses risques et périls ; le vendeur, lui, est créancier d'une somme d'argent. La perception des fruits et le payement des intérêts sont deux opérations distinctes, et l'acheteur ne serait pas admis à soutenir qu'elles doivent sans cesse marcher parallèlement. La chose est frugifère ; s'il y avait eu des fruits, l'acquéreur eût pu les percevoir : « Emptor habet facultatem fructus percipiendi. Hoc solum spectare debemus.» La loi 13, § 21, D., *De Act. empti et vend.*, n'exigeait rien de plus pour que l'acheteur fut soumis au payement des intérêts. Nous nous contenterons également de cette seule condition.

47. Les intérêts seront donc dus par l'acheteur, lors même qu'il pourrait invoquer la disposition de l'article 1653 : « Si l'acheteur est troublé, ou a juste sujet de craindre d'être troublé par une action, soit hypothécaire, soit en revendication, il peut suspendre le payement du prix jusqu'à ce que le vendeur ait fait cesser le trouble... » Nous en dirions autant du cas où des saisies-arrêts auraient été pratiquées aux mains de l'acquéreur, et de celui où il devrait tenir son prix à la disposition des créanciers ayant hypothèque sur le bien vendu. — Dans l'ancien Droit, ce point avait été l'objet de quelques controverses, et, sous prétexte que le vendeur, qui aurait dû transmettre une propriété complétement libre à son acquéreur, manquait à ses engagements, on permettait à l'acheteur de se soustraire à l'exécution de ceux qu'il avait lui-même contractés (1). Mais ce système ne devait pas réussir. De ce qu'une partie échappe à ses obligations, il ne s'ensuit pas néces-

(1) Fachinæus : Controv. juris, l. II, cap. XXXII, p. 233.

sairement que l'autre ait le droit de répudier les siennes. D'ailleurs, les motifs de l'article 1652 trouvent encore, dans ce cas, leur application. L'acheteur peut tout à la fois percevoir les fruits : « habet facultatem fructus percipiendi, » et recueillir les avantages du prix. Pour que l'obligation de payer des intérêts cesse, il faut que l'acheteur ait consigné son prix.

Je trouve dans une loi romaine la confirmation de cette solution. Le jurisconsulte Paul suppose que le vendeur est mort après avoir mis l'acheteur en possession. On ignore quel est l'héritier du vendeur. L'acquéreur est donc dans l'impossibilité de se libérer, et cependant il devra payer des intérêts à cet héritier, lorsqu'il se fera connaître, à moins qu'il n'ait déposé judiciairement son prix : « Usuræ pretii, quod in causa depositi non fuit, præstabuntur (1). »

§ 3.

Intérêts moratoires.

48. L'acheteur doit enfin des intérêts s'il a été sommé de payer : « Usura istæ debentur ob violatam contractus fidem. » L'acquéreur manque à ses engagements ; il doit une réparation à son vendeur, que « le retard empêche de jouir d'une somme dont il peut avoir le besoin le plus urgent (2). »

La loi a même cru devoir, dans ce cas, ne pas exiger une demande en justice, comme le veut l'article 1153. Elle se contente d'une simple sommation, aux termes de l'article 1139. « La demeure est constatée par une sommation, et le jour où la sommation a été faite est celui depuis lequels les intérêts commencent à courir (3). »

(1) L. XVIII, § 1, D., De Usuris et Fructibus.—Pour que la consignation fût valable et arrêtât le cours des intérêts, plusieurs conditions étaient requises, Voir, sur ce point, Perezius : In Codicem, l. IV, t. xxxII, n° 30. Ed. de 1645. p. 191.

(2) Discours du tribun Faure. — Locré : Législ. civ., t. XIV, p. 200.

(3) Idem.

49. Si l'acquéreur avait été mis en demeure de se saisir d'une chose frugifère et qu'il différât d'en recevoir la livraison, je crois que des intérêts pourraient être exigés de lui, à compter de la demeure jusqu'au jour de la délivrance, sous la déduction, toutefois, des avantages que le vendeur aurait pu retirer de sa chose. Ici encore l'acquéreur est en faute. Son retard cause un préjudice au vendeur dont la chose ne donne que des produits inférieurs à ceux qu'il aurait pu recueillir du prix. Il lui doit une réparation qui consiste tout naturellement dans les intérêts du prix, suivant la disposition de l'article 1153. A compter du jour de la délivrance, les intérêts courent de plein droit ainsi que nous l'avons vu en expliquant le second paragraphe de l'article 1652

SECTION III.

DES INTÉRÊTS EN MATIÈRE DE SOCIÉTÉ.

50. L'article 1846 renferme deux nouvelles dérogations à l'article 1153, puisqu'il fait courir de plein droit les intérêts :

1° Contre l'associé qui devait apporter une somme dans la société, et qui ne l'a point fait ;

2° Contre l'associé qui prend des sommes dans la caisse sociale pour les faire tourner à son profit.

§ 1er.

51. « L'associé, qui devait apporter une somme dans la société et qui ne l'a pas fait, devient, de plein droit et sans demande, débiteur des intérêts de cette somme, à compter du jour où elle devait être payée. »

Notre article 1846 est sur ce point introductif d'un droit nouveau. A Rome, aucun texte ne faisait courir de plein droit les intérêts, « etiam mora non interveniente, » contre l'associé qui différait le versement de sa mise (1). Et, dans notre ancien droit, Pothier décidait que « lorsque la chose qu'un associé a promis d'apporter en société est une somme d'argent, l'associé en doit les intérêts à la société du jour qu'il a été mis en demeure par ses associés de l'y apporter, de même que tout autre débiteur (2). »

Bien que les travaux préparatoires du Code gardent le silence sur les motifs qui ont déterminé les rédacteurs à introduire l'innovation formulée dans notre article, il est facile de les découvrir et de justifier notre disposition.

Le but de la société, tel que le législateur lui-même l'envisage, c'est de partager le bénéfice qui peut résulter de la mise en commun de certains biens (3) : « In societatibus fructus communicandi sunt (4). » Tout avantage produit par le fonds social doit être réparti entre les associés. Or, celui qui diffère de verser les capitaux par lui promis à la société, et qui en conserve pour lui seul tous les produits, fait échec à l'objet du contrat par lequel il s'est lié. Il n'est pas besoin de l'avertir que ses retards causent à l'association un préjudice. Le contrat lui-même renferme cet avertissement. Je dirais presque qu'il contient une mise en demeure spéciale. L'associé manque donc à la foi promise et il doit la réparation de sa faute.

On peut d'ailleurs se montrer, sans danger, plus rigoureux et plus sévère à l'encontre d'un associé qu'à l'encontre d'un débiteur ordinaire. On comprend, en effet, qu'un débiteur cède à l'empire de la nécessité ; qu'au moment de remplir des engagements qu'il a peut-être depuis longtemps souscrits, sans que l'avenir ait réalisé les espérances qu'il avait formées, il ne soit pas en mesure d'ac-

---

(1) L. I, § I, D., De Usuris. — L. LX, pr.; l. LXVII, § I, D., Pro socio.

(2) Pothier : Traité du Contrat de société, n° 116. Edit. Bugnet, t. IV, p. 284.

(3) Art. 1832, Cod. Nap.

(4) L. XXXVIII, § 9, D., De Usuris.

quitter son obligation. La loi qui vient à son aide est une loi sage
et bienveillante. On est souvent contraint d'emprunter, mais on
n'est jamais obligé de souscrire un contrat de société, et celui qui
croit devoir s'engager dans une pareille entreprise sans consulter
l'état actuel de sa fortune et les ressources dont il dispose, est un
imprudent qui ne mérite pas la sollicitude du législateur.

§ 2.

52. L'associé devient encore de plein droit, et sans demande,
débiteur des intérêts « à l'égard des sommes qu'il a prises dans la
caisse sociale, à compter du jour où il les en a tirées pour son profit particulier. » Le Code ne fait ici que reproduire les principes
du Droit romain et de l'ancien Droit.

Voici en quels termes Papinien formulait la règle générale :
« Socius si ideo condemnandus erit, quod pecuniam communem
invaserit, vel in suos usus converterit, omnimodo, etiam mora non
interveniente, præstabuntur usuræ (1). » La même question se
rencontre, moins nettement résolue toutefois, dans les écrits de
Paul (2) et de Pomponius (3). — Quelques jurisconsultes, prenant
même à la lettre ces expressions de Paul : « Si unus ex sociis...
communem pecuniam fœneraverit... suo nomine, quoniam sortis
periculum ad eum pertinuerit, usuras ipsum retinere oportet, » et
les rapprochant de ces paroles de Pomponius : « Socium qui in eo,
quod ex societate lucri faceret, reddendo moram adhibuit, cum ea
pecunia usus sit, usuras quoque eum præstare debere, » ont voulu
en conclure que l'associé ne devrait des intérêts que dans le cas où
il aurait directement employé à son usage les fonds sociaux. S'il
s'était borné à les prêter en son nom propre, la société ne pourrait

______

(1) L. i, § 1, D., De Usuris.
(2) L. LXVII, § 1, D., Pro socio.
(3) L. LX, pr., D., Pro socio.

rien lui demander. — Conséquence inadmissible lorsqu'on songe que la société est un contrat de bonne foi, et que la solution proposée est une flagrante iniquité. Ce qu'il faut dire avec M. Molitor (1), c'est que l'associé supportera les risques de l'opération qu'il a faite et qu'il en percevra les intérêts. Mais il devra à la société la réparation de tout le préjudice qu'il lui aura causé. Les jurisconsultes romains ont prévu l'hypothèse la plus ordinaire, ne pourrait-on pas dire même celle qui comprend toutes les autres (2)? Les trois lois que nous avons citées ne sauraient être séparées lorsqu'il s'agit de leur interprétation.

Mais nous pourrions signaler, entre Papinien et Pomponius, une autre contrariété de doctrine qui nous paraît plus sérieuse et plus délicate. D'après Papinien, « usuræ prestabuntur etiam mora non interveniente. » D'après Pomponius, « si socius moram non fecerit, usuras non præstare debet. » — Pothier, qui a entrevu cette difficulté, se borne à dire qu'il est question de deux hypothèses différentes. Papinien prévoit la combinaison qui nous occupe, celle du second paragraphe de l'article 1846, tandis que Pomponius traite du cas où l'associé diffère le versement de sa mise : « quum socius moram fecit in conferenda pecunia quam conferre tenentur » (3). — Cette explication ne me paraît pas très-exacte. Pomponius suppose « lucrum ex societate factum. » Or, jusqu'au moment où la somme promise par l'associé a été versée dans la caisse sociale, peut-on dire qu'elle fasse partie de la société ? — Toutefois, je dois reconnaître que, malgré l'affirmation de Justinien : « contrarium aliquid in hoc codice positum non invenitur, si quis subtili animo diversitatis rationes excutiet » (4), je n'aperçois, pour ma part, aucune conciliation de nos textes, et je me

(1) Les Obligations de Droit romain, t. II, p. 304, n° 651.

(2) Pothier : Pandectæ Justinianeæ, l. XVII, t. II, n° 42, note A. Edit. de 1748, t. I. p. 440.

(3) Pandectæ Justinianeæ, loc. cit., n° 44.

(4) Præfationes Digestorum. De Confirmatione Digestorum, § 15.

borne à constater mes préférences pour la solution de Papinien.
— L'opinion de Pothier, si elle est admise, ne fera que confirmer
ce que nous avons dit de la théorie romaine, sur le point qui fait
l'objet du premier paragraphe de l'article 1846.

Dans notre ancien Droit français, Pothier admit le système de
Papinien (1) : « Si l'un des associés a tiré de la caisse de la société
quelque somme d'argent, pour l'employer à ses affaires particulières…, il en doit les intérêts, suivant la loi 1, § 1, D., *De Usuris*. »

C'est, qu'en effet, tous les bénéfices que produit le fonds social
doivent appartenir à la société. L'un des associés, en employant
une partie de ce capital à son propre usage, cause à la société un
préjudice : il fait tourner à son profit personnel et exclusif ce qui
devait directement entrer dans les caisses de la société. — Mais,
alors même qu'il n'en aurait retiré aucun avantage, alors même
qu'il aurait gardé des capitaux improductifs, dès lors qu'il les a
pris à la société, il en doit l'intérêt, parce que la loi présume que
la société les eût fait fructifier. La société n'est tenue de prouver
qu'une chose, c'est que l'associé a puisé dans les coffres de la
société (2).

53. On comprend, toutefois, que la règle que nous venons de
poser ne peut recevoir son application lorsqu'il s'agit, non plus
d'un simple associé, mais d'un associé administrateur. La présomption doit être alors que les sommes prises dans la caisse sociale ont été utilisées dans l'intérêt de la société. Ceux des socié-
taires qui voudront le rendre responsable et le faire condamner
au payement des intérêts devront établir, non-seulement qu'il a
puisé à même l'actif de la société, mais encore que les deniers
sociaux ont été employés pour l'utilité seule de l'associé, et les

(1) Traité de la Société, nos 118 et 119.
(2) V. sur les conditions de cette preuve : Pau, 10 décembre 1800. Moniteur des Tribunaux, 1861. Jurisp. générale, p. xxv, no 238.

intérêts ne courront qu'à compter de cet emploi. L'associé est plutôt alors un mandataire qu'un simple associé, et c'est l'article 1696 qu'il faudra lui appliquer.

54. Il arrive fréquemment que le pacte social renferme la clause suivante : Jusqu'à la réalisation de bénéfices, une somme de..... sera prélevée chaque année sur le capital pour servir des intérêts aux associés qui ont versé leurs fonds. L'article 1846 devra-t-il alors recevoir son application et les associés seront-ils tenus de payer à la société l'intérêt des sommes qu'ils auront ainsi reçues ?

Il importe d'abord de bien s'entendre sur la validité de cette stipulation. Quelques auteurs l'ont regardée comme illicite et le Conseil d'État a pendant longtemps lui-même résisté à l'introduction de pareilles conventions dans les actes de société. Elles sont contraires, dit-on, à l'article 1845 du Code Napoléon, qui veut que chaque associé verse dans la masse sociale tout ce qu'il a promis d'y apporter, tandis que, dans l'opinion adverse, il n'apportera, en définitive, qu'une portion de sa mise. Elles sont contraires à l'article 26 du Code de commerce, qui veut que l'associé commanditaire soit tenu jusqu'à concurrence des fonds qu'il a mis ou dû mettre dans la société, puisque leur résultat sera d'enlever aux tiers une portion de cette mise. Elles sont irrationnelles : l'intérêt n'est pas autre chose qu'un bénéfice, un fruit de la mise. Or, nul n'admet la répartition de dividendes s'il n'y a pas de bénéfices réalisés, et la loi de 1856 sur les sociétés en commandite punit même d'une peine correctionnelle une distribution de dividendes dans ces circonstances. On pourra donc facilement transgresser la loi, puisqu'il suffira de modifier les noms et d'appeler intérêt ce qui sera dividende. Elles sont dérisoires ; dès lors que les intérêts seront nécessairement pris sur le capital, n'est-il pas ridicule de voir l'associé verser en quelque sorte d'une main ce que, dans quelques jours, une autre main viendra ressaisir ? Elles sont enfin un piège pour les tiers, qui ont été autorisés par la publication des extraits indiquant le chiffre social à croire que le capital indiqué serait employé tout entier au payement des dettes de la société.

Ce système, qui a rencontré dans M. Delangle un très chaleureux défenseur (1), n'a cependant pas triomphé, et l'on doit s'en réjouir. S'il eût prévalu dans la pratique, et si le gouvernement n'eût passé outre les résistances du Conseil d'Etat, un grand nombre d'opérations industrielles qui sont aujourd'hui en pleine prospérité attendraient encore vainement les capitaux indispensables à leur naissance et à leur développement. Celui qui confie ses fonds à une compagnie ou à une société reculerait fréquemment s'il était condamné à voir pendant de longues années ses capitaux improductifs et ses ressources paralysées. Confiant dans le succès de l'entreprise, il préfère recevoir annuellement une certaine somme à titre d'intérêts, encore bien qu'il sache qu'elle est prise aux dépens du capital social et qu'il doive plus tard, si la société est obligée de se liquider avant l'heure, ne retrouver qu'une minime portion du capital versé. Il compte sur l'avenir ; il espère qu'un jour les opérations brillantes de la société, dans laquelle il engage sa fortune, permettront d'abord de rétablir le capital amoindri par des distributions anticipées d'intérêts et de faire face, en outre, à des dividendes avantageux. L'intérêt des associés est donc manifeste.

Est-ce à dire que les articles 1845 du Code Napoléon et 26 du Code de commerce seront violés, et que les intérêts de la société et des tiers seront compromis ? — La société n'éprouvera aucun préjudice ; elle s'est fait sa loi elle-même ; elle a su qu'en définitive elle ne conserverait qu'une portion de la mise des associés. — Et quant aux tiers qui ont contracté avec la société, en se faisant représenter l'acte social, ils ont pu apprécier la situation et voir que, par un circuit qui n'a rien d'illicite, une partie de l'actif social serait, à des époques, placée en dehors de leur droit de poursuite.

(1) Des Sociétés commerciales, t. 1er nos 365 et suiv.

Il n'est pas d'ailleurs exact de soutenir que l'intérêt ne soit qu'un bénéfice, un fruit de la mise, et doive être complétement assimilé aux dividendes. L'emprunteur sera-t-il admis à refuser le payement des intérêts qu'il doit à son prêteur en soutenant qu'il n'a pu retirer aucuns produits de la somme qui lui a été remise ? — On dit bien, à la vérité, que le contrat de société ne doit pas être confondu avec le contrat de prêt. Je consens à admettre que des règles tout à fait différentes régissent l'une et l'autre de ces conventions, tout en persistant à croire que celui qui verse ses deniers dans le fonds social joue, dans une certaine mesure et vis-à-vis de la société, le rôle de prêteur. Mais ce que je tiens absolument à constater, c'est qu'en l'absence même de bénéfices, des intérêts peuvent et doivent quelquefois être payés, à la différence des dividendes, qui sont toujours pris sur les bénéfices.

La jurisprudence a eu à faire l'application de cette distinction à l'occasion de la loi sur les commandites, et la Cour de Paris a récemment jugé « que la loi du 17 juillet 1856, qui prohibe la répartition des dividendes faussement représentés comme acquis, n'étend pas cette prohibition aux intérêts promis par le pacte social et distribués aux actionnaires par la gérance... (1) »

Il ne faut donc pas hésiter à déclarer valables de semblables clauses ; et, ce point une fois admis, n'est-il pas évident que les sommes prises par les associés, à titre d'intérêts aux dépens de l'actif social, ne constituent pas un prélèvement dans les termes de l'article 1846, produisant intérêt de plein droit contre l'associé au profit de la société ? L'associé a reçu ce qui lui était dû ; il était créancier de la société et le payement qu'il a reçu n'a pu le constituer débiteur. On ne peut, dès lors, l'obliger à payer des intérêts à compter du jour où la somme lui a été versée.

55. La règle de l'article 1846 doit encore, par la force même

(1) 18 août 1860, Ch. corr. Moniteur des Tribunaux, 1860, p. 85. et 564

des choses, subir une certaine exception lorsqu'il s'agit, non pas d'une société particulière, mais d'une société universelle de tous biens présents et de gains. Dans ce cas, la société encaissant tous les revenus et tous les produits des biens des associés, les sommes qu'un associé prendra, dans une sage mesure, pour faire face à ses dépenses personnelles et à celles de sa famille ne devront pas produire intérêt. Elles devront s'imputer seulement sur la part qui reviendra à l'associé lors de la liquidation. « Dans les sociétés universelles dans lesquelles tombent tous les revenus des biens de chacun des associés..., les intérêts des sommes que l'un des associés a prises dans la caisse commune pour ses affaires particulières ne commencent à courir que du jour de la dissolution de la communauté : tant qu'elle dure, il se fait une confusion de ces intérêts qui sont une charge des revenus des biens de cet associé qui tombent dans la communauté (1). »

Ce système d'imputation, qui est tout à la fois équitable et conforme aux idées que l'on doit se faire du contrat de société dans lequel une égalité proportionnelle et mathématique doit autant que possible régner entre les parties : « iniquum est ex eadem societate alium plus, alium minus consequi (2) », M. Troplong l'accepte pour les sociétés universelles de biens présents ; mais, lorsqu'il s'agit de sociétés universelles de gains, non-seulement il n'applique pas l'article 1846, mais il veut même que la caisse sociale soit grevée de l'obligation de supporter définitivement toutes les dépenses d'entretien de et nourriture des associés, de leurs femmes et de leurs enfants, jusqu'aux frais d'éducation de ces derniers, sans qu'il faille distinguer entre ceux des associés qui consomment plus et ceux qui consomment moins, entre ceux qui ont une nombreuse famille et ceux qui n'en ont pas (3).

(1) Pothier : Traité du Contrat de société, n° 119.
(2) L. 63, § 5, D., Pro socio.
(3) Commentaire de la société, n°s 281 et 297.

M. Duvergier me paraît avoir complétement réfuté cette distinction (1). Pourquoi celui dont la famille est nombreuse viendrait-il prendre dans la masse du produit une somme plus considérable que celui qui vit seul et à peu de frais, et qui peut-être rend de plus grands services à l'association ? Comment d'ailleurs établir des moyens de contrôle pour s'assurer que l'associé ne conserve pas des ressources personnelles, des valeurs mobilières dont il capitalise chaque année le revenu pendant que la caisse sociale fournit à toutes ses dépenses ? Comment vérifier si l'associé ne prend pas au delà de ses besoins ? Le moyen auquel nous nous rattachons, est que ces prélèvements sans intérêts imputables sur la part qui doit revenir à l'associé nous paraissent de nature à sauvegarder tous les droits, à garantir tous les intérêts, à maintenir enfin une parfaite égalité entre tous les associés.

Les questions que nous examinons ne se présenteront d'ailleurs que bien rarement. Les sociétés universelles sont peu fréquentes dans la pratique, et, s'il s'en rencontre, il n'est pas vraisemblable que les parties négligent de régler pour des clauses spéciales la situation qu'elles entendent respectivement avoir. Mais si la question était soulevée, je crois que la solution donnée par Pothier devrait triompher. Les règles générales sur le partage des bénéfices sociaux ne sont pas modifiées. L'article 1846 seul cesse momentanément de recevoir son exécution.

56. Les mêmes règles devraient être appliquées lorsque l'acte social contient une clause autorisant les associés à prélever avant tout compte une somme annuelle pour leurs besoins particuliers.

57. L'article 1846 ajoute que, dans les deux cas par lui prévus, si le retard ou la faute de l'associé a causé à la société un préjudice tel que les intérêts légaux ne soient pas suffisants pour indemniser la

(1) Continuation du Droit civil de Toullier, t. V, nos 100 et 112.

société du dommage par elle éprouvé, l'associé pourra, s'il y a lieu, être condamné à de plus amples dommages et intérêts. La loi romaine disait déjà : « Non quasi usuras, sed quod socii intersit, moram eum non adhibuisse (1). »

SECTION IV.

DES INTÉRÊTS DANS LE CONTRAT DE DÉPÔT.

58. L'article 1936 nous déclare que le dépositaire « ne doit aucun intérêt de l'argent déposé, si ce n'est du jour où il a été mis en demeure de faire la restitution. »

Les jurisconsultes romains s'étaient posé la question que nos législateurs ont ainsi résolue; mais la réponse qu'ils ont faite offre si peu de clarté que les interprètes sont encore loin de s'accorder aujourd'hui sur le sens à donner à plusieurs de leurs textes.

Les uns, comme Dumoulin, Doneau, et, de nos jours, M. le président Troplong (2), pensent que le dépositaire qui s'est servi du dépôt est redevable de plein droit des intérêts à partir de l'emploi. Dumoulin en donne cette raison, que le dépositaire qui, par l'actio furti pouvait être condamné in duplum, devait s'estimer heureux de n'être l'objet que d'une demande en dommages et intérêts : « Gratulari quod minus cum eo agitur... quod actor graviorem actionem amittit, ad commodum depositarii (3). » Ce motif était emprunté par lui à la loi 3, C., « Depositi cum tibi debeat gratulari quod furti cum actione non facias abnoxium. »

D'autres, s'appuyant sur cette disposition générale : « Usuræ, in depositi actione, sicut in cæteris bonæ fidei judiciis ex mora

(1) L. 60, Pr. D., Pro socio.
(2) Dumoulin : De Usuris, nᵒˢ 626 et 627. —Doneau, ad L. 3, C. Depos.— Troplong : Du Dépôt, nᵒ 104.
(3) Dumoulin, loc. cit.

venire solent (1), » pensent que le dépositaire ne doit les intérêts que du jour où il a été mis en demeure et non pas du jour de l'emploi.

La vérité me paraît être dans un troisième système qui fait la part de chacun de ceux qui précèdent, et qui concilie des textes en apparence contradictoires.

Si l'argent a été déposé dans un sac cacheté, « si sacculum signatum deposuero, » et que le dépositaire, manquant à tous ses devoirs, brise le cachet et emploie les deniers à son usage, la loi romaine le traite comme un voleur. Le déposant peut agir contre lui par l'*actio furti*. Or, le voleur est toujours en demeure de restituer la chose volée : « Semper moram fur facere videtur (2). » On peut alors condamner le dépositaire au payement des intérêts à compter du jour du vol.

Mais, on peut supposer que la somme d'argent a été remise au dépositaire, *non obsignata*, ou même avec cette clause que le dépositaire *redderet tantumdem, non idem*; dans ces deux cas, les intérêts ne seront dus qu'à partir d'une mise en demeure.

Si les deniers ont été remis *non obsignati*, la loi voit là, en quelque sorte, une permission tacite donnée au dépositaire d'employer l'argent du déposant, à la charge par lui de tenir toujours à sa disposition une somme d'une valeur égale. Ce n'est donc qu'au jour de la réclamation du dépôt que le dépositaire qui ne peut remplir ses engagements est véritablement en faute, et qu'on peut exiger de lui des intérêts. La présomption est, jusque-là, qu'il a rendu un service au déposant, et on ne doit pas le traiter avec une excessive sévérité; « contrà bonam fidem et depositi naturam est usuras ab eo desiderare temporis ante moram, qui beneficium in suscipienda pecunia dedit (3). »

(1) L. 2, C., Depositi.
(2) L. 8, § 1, D., De Condictione furtiva.
(3) L. 24, D., Depositi vel contra. — L. 2, C., Depositi vel contra.

Il se peut, toutefois, que la somme ait été déposée, non plus seulement *non obsignata*, mais avec cette convention formelle : « ut tantumdem, non eadem pecunia redderetur. » En effet, cette convention « egreditur depositi notissimos terminos. » On aurait pu voir là un véritable *mutuum*, un contrat *stricti juris*, et non plus un contrat *bonæ fidei*, un contrat qui ne pouvait produire d'intérêts, même *post moram*. — Néanmoins, Papinien, qui expose ces doutes, ne s'y arrête pas ; il donne au déposant l'*actio depositi*, et permet au juge d'accorder des intérêts *ex mora*, comme dans tous les autres contrats de bonne foi (1).

Il est à peine besoin de faire remarquer, avec Papinien, que si les parties, lors du dépôt, avaient fait entre elles une convention portant que le dépositaire payerait des intérêts, cette convention devrait être respectée : « Si ab initio de usuris præstandis convenit, lex contractus servabitur (2). C'est la conséquence des principes que nous venons d'exposer. Le contrat de dépôt, quoique irrégulier, reste un contrat de bonne foi et n'est pas converti en *mutuum*. Pour que cette conversion s'opère, il faut que telle soit la convention des parties (3). Or, un simple pacte, ajouté *in continenti* dans les contrats de bonne foi, produit tous les effets de la stipulation indispensable dans les contrats *stricti juris*.

Dans les cas où le déposant peut réclamer des intérêts, s'il a d'abord agi par l'*actio depositi* pour obtenir le principal, il ne peut plus tard former une nouvelle demande tendant au payement des intérêts sans se voir repoussé par une exception de chose

(1) L. 24, l. 28, § 1 ; l. 20, § 1, D., Depositi vel contra. — Sur le dépôt irrégulier, consulter M. Pellat. Textes choisis des Pandectes, 1850, p. 50 et suiv.

(2) L. 24, D., Degositi vel contra.

(3) Rapprocher les lois 9, § 9, D., De Rebus creditis. — 10, cod. tit. — 1, § 34, D , Depositi. Paul : Senten., I, II, t. XII, § 9. — M. Pellat : Textes choisis, p. 71 et suiv.

jugée. La loi ne lui accorde qu'une seule action, et lorsqu'il l'a mise en mouvement son droit est épuisé (1).

Sous l'empire de notre ancienne législation, Pothier, auquel les rédacteurs du Code ont emprunté l'article 1936, se borne à dire que : « Le dépositaire, tant qu'il n'a pas été mis en demeure de rendre la somme d'argent donnée en dépôt, n'en doit aucun intérêt ; car, non-seulement il n'en a pas perçu, mais il n'a pu en percevoir, ne lui ayant pas été permis de toucher à cette somme. Mais, depuis qu'il a été mis en demeure de rendre cette somme, il en doit les intérêts (2).

59. L'article 1936 déclare, avons-nous dit, que le dépositaire ne doit aucuns intérêts de l'argent déposé, si ce n'est du jour qu'il a été mis en demeure d'en faire la restitution. Le dépositaire ne pouvant se servir des sommes déposées, il serait injuste de lui en faire servir l'intérêt. Il rend d'ailleurs un service au déposant, et ce service lui causerait un très-grand préjudice s'il était tenu de remettre, non-seulement la chose déposée, mais encore les intérêts de cette chose.

Mais si l'on peut établir contre lui qu'il s'est servi des sommes déposées, en devra-t-il l'intérêt depuis le jour de l'emploi jusqu'au jour de la mise en demeure ?

L'affirmative compte encore aujourd'hui beaucoup de partisans. On invoque surtout, en ce sens, l'ancienne maxime de Donneau : « Is qui pecuniam in suos usus convertit, hoc ipsa moram facit ut non sit necessaria alia mora (3). » Et la preuve, dit-on, que telle est la pensée de notre Droit français, se puise dans l'article 1302.

De quelque manière que la chose volée ait péri ou ait été perdue, sa perte ne dispense pas celui qui l'a soustraite de la restitution du

(1) L. 4, C., Depositi vel contra. — Molitor, loc. cit. n° 823, t. III, p. 13.
(2) Traité du Contrat de Dépôt, n° 48. Ed. Buguet, t. V, p. 141.
(3) Donneau : Sur la Loi 3, C., Depositi.

prix. C'est donc que le voleur est toujours en demeure de restituer, et le dépositaire infidèle doit être assimilé au voleur. — La situation, d'ailleurs, est-elle donc si favorable, qu'on doive le traiter moins rigoureusement qu'un associé ou un mandataire, contre lesquels les articles 1846 et 1996 font courir les intérêts de plein droit, lorsqu'il se sont servis des sommes d'argent appartenant à la société et au mandant ? Il y a au moins parité de motifs, et la solution des articles 1846 et 1996 doit être généralisée et appliquée au contrat de dépôt (1).

M. Troplong tempère toutefois cette doctrine en observant que « l'on fera bien de consulter les circonstances pour savoir si, par une interprétation favorable sans être forcée, il ne serait pas possible de supposer un consentement probable du déposant à l'usage de la chose déposée. »

Pour ma part, je crois qu'en principe, la solution contraire doit prévaloir, et, à l'argumentation que nous venons d'exposer, je ferai plusieurs réponses.

Je crois avoir établi qu'en droit romain la règle générale était que le dépositaire de sommes d'argent, celui qui n'avait pas reçu *corpus ipsum obsignatum*, celui qui ne s'était pas rendu coupable d'un *furtum* ne devait les intérêts que *ex mora*. Nous avons rencontré la même idée dans Pothier, et, enfin, notre article 1936 déclare que le dépositaire ne doit aucun intérêt de l'argent déposé que du jour ou il a été mis en demeure. Et c'est en présence de ce texte et de ces précédents que l'on veut faire courir de plein droit les intérêts ! La règle générale est écrite dans l'article 1153, et, en l'absence d'une mise en demeure, les intérêts ne peuvent courir qu'en vertu d'une disposition expresse de la loi. Or, cette disposition, que nous rencontrons, à la vérité, en matière de société ou de mandat, le législateur ne l'a pas édictée pour le cas de dépôt ; et

(1) Troplong : Du Dépôt et du Séquestre, n° 104. — Delvincourt, t. III, p. 432. — Duranton, t. XVIII, n° 83.

la distinction qu'il a faite entre ces divers contrats est fondée en raison.

L'associé et le mandataire manquent à leurs devoirs d'associé et de mandataire lorsqu'ils emploient à leur profit les deniers de la société et du mandant. Ils privent donc ceux-ci d'un bénéfice. Sans doute le dépositaire commet une faute en usant des sommes que le déposant lui a confiées. Le profit qu'il retire de son acte est même, si on le veut, un profit illicite. Mais, en fin de compte, il n'enlève pas au déposant un avantage qu'il eût dû lui procurer. Les sommes devraient rester improductives entre ses mains, tandis que l'associé et le mandataire doivent utiliser les fonds de la société et du mandant. — On s'explique donc que le législateur ait cru devoir faire une différence entre ces deux hypothèses.

On invoque encore l'article 1302. — Mais, sans nous expliquer sur le point de savoir si, même appliquée au voleur, la disposition de cet article est aussi générale et aussi absolue qu'elle semble l'être, il nous suffit de remarquer qu'elle est tout à fait exceptionnelle et qu'elle ne s'occupe que du voleur. Or, notre Code pénal, à la différence de la loi romaine, qui accordait au déposant l'*actio furti*, ne classe pas le détournement de dépôt parmi les vols ; il voit là seulement un abus de confiance donnant passage à des pénalités spéciales (1). On ne saurait donc se prévaloir de l'article 1302.

Aussi ma conclusion serait que le déposant pourra, s'il le juge convenable, provoquer la mise en mouvement de l'action publique dans les termes de l'article 408 du Code pénal, mais qu'il ne sera pas admis à réclamer des intérêts de plein droit.

60. Que faudra-t-il décider si le dépositaire, au lieu d'employer les deniers à son propre usage, les avait prêtés en son nom à des tiers et en avait perçu l'intérêt ? Le déposant aurait-il le

(1) Art. 408 du Code pénal.

droit d'exiger que le dépositaire lui tînt compte des avantages qu'il aurait ainsi retirés du dépôt?

J'emprunte à un vieil auteur un exemple devenu classique : Un seigneur avait déposé chez un notaire quatre cent mille francs, et le maître clerc était chargé de la garde de ce dépôt. Un financier s'adressa au clerc et lui promit, s'il pouvait lui procurer dans les vingt-quatre heures quatre cent mille francs, de les lui rendre dans le délai d'un mois avec une prime de cent mille francs. Le maître clerc accepta sa proposition, lui remit les sommes déposées par le seigneur, et, à l'époque fixée pour le remboursement, reçut les cinq cent mille francs. Le seigneur pouvait-il réclamer la prime ? ou bien était-elle acquise au maître clerc (1) ?

Suivant certains auteurs, notamment Balde et Dece, tout ce que l'on acquiert avec l'argent d'autrui appartient au propriétaire de l'argent. Le déposant pouvait donc exiger les cent mille francs. Telle était, dit-on, l'opinion des jurisconsultes romains, qui, dans une hypothèse analogue, permettaient au *creditor* d'exiger, non pas seulement *eas usuras quibus aliis ipse fœnerasset*, mais bien *maximas usuras* (2).

Ce système compte encore aujourd'hui de nombreux défenseurs qui invoquent en ce sens tout à la fois la morale, l'équité et les principes du Droit. La morale qui ne permet pas que le dépositaire, l'homme qui a enfreint la foi sacrée du dépôt, puisse recueillir le fruit de son infidélité. Autrement, on encouragerait la cupidité et on offrirait un aliment à la déloyauté intéressée. — L'équité, qui se traduit dans cet adage : « Commoda cujusque rei eum sequi, quem sequuntur incommoda (3). » Grand axiome de droit naturel : « Secundum naturam est ! » Le déposant a couru le risque de perdre la somme déposée. Si le financier, au lieu de

(1) Aublet de Maubuy : Traité du Dépôt, p. 41.
(2) L. 38, D., De Negotiis gestis.
(3) L. 10, D., De Regulis juris.

remplir ses engagements, était tombé en déconfiture, le déposant, à la place de son argent, n'eût retrouvé qu'un recours illusoire contre un débiteur insolvable. Les dangers ont été pour lui, il est juste qu'il recueille les avantages. En vain le dépositaire demanderait à soutenir que, lui aussi, il a couru des risques ; il ne devait pas en courir, et, s'il s'est exposé au danger, c'est par un fait délictueux dont il ne peut se prévaloir. En vain, encore, il essayerait d'établir que les cent mille francs sont le produit de son industrie. Peut-on appeler de ce nom un acte illicite et qui tombe sous l'application de la loi pénale ?—Enfin, les principes du droit : « Jure naturæ æquum est neminem cum alterius detrimento et injuria fieri locupletiorem... (1) Nemo ex delicto suo consequi potest emolumentum. » Or, la violation d'un dépôt est rangée par le législateur parmi les faits punissables, parmi les délits. Donc, le dépositaire doit restituer le dépôt et les produits illicites qu'il en a retirés.

On peut ajouter, et c'est le développement de l'idée des vieux glossateurs, que le dépositaire qui s'est servi du dépôt doit être réputé de plein droit avoir agi comme un *negotiorum gestor*, et que le déposant peut l'actionner pour obtenir les fruits de l'opération faite par lui en ayant recours à l'*actio negotiorum gestorum* (2).

Cette opinion a trouvé des contradicteurs.

Sous l'ancien Droit, Aublet de Maubuy et Dumoulin (3), et, sous notre Droit moderne, M. Duvergier (4) et M. Troplong (5), l'ont vigoureusement attaquée, suivant nous avec raison.

Ecartons d'abord l'argument puisé dans la loi 38, D., *De nego-*

(1) L. 206, D., De Regulis juris.
(2) Dalloz : Répertoire V° Dépôt, n° 80.
(3) De Usuris, quæstio 83, n° 628.
(4) Le Droit civil expliqué, t. VI, n° 471.
(5) Commentaire du Dépôt, n° 108.

tis gestis. Nous ne sommes pas en face d'un quasi-contrat de gestion d'affaires. Pour que la *negotiorum gestio* existe, il faut « que la personne qui a géré ait agi dans l'intention d'être utile à l'autre, avec la volonté de l'obliger, etqu'elle ait agi utilement (1).» Or, le dépositaire a-t-il administré avec le désir de rendre un service au déposant? Non, évidemment. Il a agi dans son intérêt et pour son propre compte. Il n'y a donc pas gestion d'affaires (2).

Que reste-t-il donc? Notre article 1936. Le dépositaire ne doit les intérêts que du jour où il a été mis en demeure de restituer. Dès lors qu'il obéit à la sommation qui lui est faite, il remplit ses engagements. Sans doute, le détournement momentané du dépôt est une action coupable que la loi a prévue et qu'elle punit, et les tribunaux correctionnels pourront être appelés à en apprécier la moralité ; mais le déposant n'éprouve aucune perte: son argent devait rester improductif entre les mains du dépositaire. Celui-ci s'est donc enrichi sans que le déposant ressentît un préjudice.

A cette réponse, que nous opposons aux prétendus arguments d'équité et de principe invoqués contre nous, ne pouvons-nous pas ajouter, avec Dumoulin, que le produit retiré par le dépositaire de l'argent qui lui a été confié n'est pas un fruit de l'argent, mais bien le résultat de son travail, de son industrie, de sa spéculation: « id non est fructus pecuniæ, sed negotiationis et industriæ, et sic non debet deponenti restitui, quia satis est quod non faciat damnum, nec debet de alieno dato negotiari ?

(1) Molitor : Les Obligations en Droit romain, n° 783, t. II, p. 436.

(2) Je trouve cependant une constitution insérée dans le Code, par laquelle l'Empereur accorde, pour une hypothèse voisine, « l'actio mandati seu negotiorum gestorum. » (L. 8, C., De Rei Vindicatione.) — Mais, indépendamment de la contradiction qui existe entre cette loi et la loi 6, C., Cod. *eod. tit.,* il ne faut pas oublier que, dans l'espèce soumise à l'empereur, le dépositaire avait employé en acquisitions le capital même déposé et n'avait pas d'autres deniers pour rembourser le déposant. Or, ce serait donner à la mauvaise foi de trop grandes facilités que de tolérer de semblables opérations et de permettre au dépositaire de s'enrichir ainsi aux dépens de l'homme qui a mis en lui sa confiance La conciliation de la loi 6 et de la loi 8 résulte de nos explications.

Telle est aussi l'idée qui me paraît ressortir de la loi 6, C., *De Rei vindicatione*. Le dépositaire a acquis un immeuble avec mon argent et ce ne sont plus mes deniers qui me sont représentés au moment de la restitution du dépôt. Mais l'immeuble me convient et j'en demande la délivrance. L'empereur déclare que ma réclamation est injuste : *injuriosum est !* Il suffit que je n'éprouve pas de préjudice ; et le dépositaire conservera le bien qu'il a acheté.

C'est qu'en effet, tout ce qu'on acquiert par une voie illicite n'est pas sujet à restitution. Les théologiens reconnaissent que l'usurier qui a fait des bénéfices avec l'argent provenant de l'usure n'est pas tenu de les rendre à la victime qu'il a dépouillée (1).

Nous laisserons donc au dépositaire le bénéfice qu'il a retiré de ses spéculations. Ce n'est pas le seul fait de la violation du dépôt qui l'enrichit; c'est son travail et son industrie, illicites si on le veut, qui lui ont procuré un avantage que nous ne pouvons, par une autre mesure illicite, lui ravir et lui arracher.

Vainement on argumenterait contre notre solution des premières expressions de l'article 1936 : « Si la chose déposée a produit des fruits qui aient été perçus par le dépositaire, il est obligé de restituer. » — Il ne s'agit pas, nous l'avons dit, d'un produit de la chose; et, de plus, la situation n'est pas la même. En remettant au dépositaire une chose frugifère, le déposant a pu penser que le dépositaire en recueillerait les fruits; et, comme les donations ne se présument pas, la loi a cru qu'il entendait se les réserver. Eh bien ! cependant, il ne suffit pas encore que la chose ait produit des fruits pour que le dépositaire soit tenu d'en opérer la restitution; il faut qu'il les ait perçus. S'il ne les a pas recueillis, s'il

(1) Saint Thomas : Summa theologica 2, 2ª, quæstio 78, art. 3. Edit. 1870, t. XI, 2ᵉ partie, fᵒ 881, rᵒ. — M. Troplong cite, en ce sens, la loi 17, C., De Pignoribus, qui se borne à dire que la chose achetée avec mon argent n'est pas, par cela seul, affectée à la garantie de ma créance.

les a laissés dépérir sans en retirer aucun avantage, il n'est pas obligé. — Mais, lorsqu'il s'agit d'une somme d'argent, le déposant n'a pu compter sur aucun bénéfice : son argent devait être stérile, et on ne saurait l'admettre à se plaindre d'un préjudice le jour où, lorsqu'il manifeste l'intention d'employer de nouveau ses deniers à ses affaires, le dépositaire obéit immédiatement à sa réclamation et lui restitue le dépôt.

61. Que faut-il pour constituer la demeure dont parle l'article 1936 ? — Tout le monde s'accorde à reconnaître qu'une simple sommation suffit. L'article 1139 dit, en effet, d'une manière générale, qu'un débiteur est constitué en demeure par une sommation ou autre acte équivalent. Sans doute, l'article 1153 déclare que les dommages et intérêts ne sont dus que du jour de la demande, lorsqu'il s'agit d'une obligation de sommes d'argent, mais le dépositaire peut, dans une certaine mesure, être considéré comme débiteur d'un corps certain (1) ; et, d'un autre côté, la situation du déposant est éminemment digne de faveur, puisque le dépôt doit toujours lui être remis aussitôt qu'il le réclame, alors même que le contrat aurait fixé un délai déterminé pour la restitution (2).

SECTION V.

DES INTÉRÊTS DANS LE CONTRAT DE MANDAT.

62. Nous rencontrons dans les articles 1996 et 2002 du Code Napoléon deux véritables exceptions à l'article 1153, édictées, l'une contre le mandataire, l'autre contre le mandant.

(1) Art. 1932, Cod. Nap.
(2) Art. 1944, Cod. Nap.

§ I.

Obligations du mandataire.

63. Article 1996 : « Le mandataire doit l'intérêt des sommes qu'il a employées à son usage à dater de cet emploi, et celles dont il est reliquataire à compter du jour qu'il est mis en demeure.

C'est la traduction presque littérale de la loi romaine : « Si procurator meus pecuniam meam habeat, ex mora utique usuras mihi pendet... Si pecuniam ad usus suos convertit, in usuras convenietur (1). » Un des grands principes du Droit est, en effet, que nul ne peut s'enrichir aux dépens d'autrui : « Bonœ fidei hoc congruit ne de aliena quis lucrum sentiat (2) ; » et le législateur, dans notre article, ne fait qu'appliquer cette règle générale à l'hypothèse qui nous occupe; aussi les jurisconsultes romains, généralisant le principe écrit dans la loi 10, D., *mandati vel contra*, soumettaient au payement des intérêts, non-seulement le mandataire qui employait à la satisfaction de ses besoins les deniers du mandant, mais encore celui qui les prêtait à des tiers, soit en son nom, soit au nom du mandant, que le mandant l'eût ou non chargé de faire fructifier ses fonds; bien plus encore, celui-là même qui, connaissant les habitudes du mandataire, avait gardé des capitaux improductifs que le mandant n'eût pas manqué d'utiliser immédiatement après leur réception (3). Papinien ajoute que cette règle devra recevoir son exécution lors même qu'il s'agira d'intérêts que le mandataire aura reçus des débiteurs du mandant (4). Le jurisconsulte craignait sans doute qu'on ne vît, dans cette obligation, un anatocisme défendu par la loi.

(1) L. 10, § 3, D., Mandati vel contra.
(2) *Id., ibid.*
(3) Argument *à contrarià* de la loi 13, § 1, D., De Usuris.
(4) L. 23, D., De Usuris.

Toutefois, le principe que le mandataire doit l'intérêt de l'argent qu'il a employé à son usage cesse, lorsqu'il a agi avec l'assentiment du mandant. Dans ce cas, en effet, il n'y a plus mandat, il y a contrat de prêt ou *mutuum;* et ce ne sera plus par l'*actio mandati,* mais par la *condictio,* que le mandant pourra agir contre le mandataire qui est devenu un emprunteur. Or, il n'est pas de l'essence du *mutuum* de produire des intérêts. Si donc les parties ont gardé le silence, le mandataire pourra, dans ce cas, user des deniers du mandant sans être tenu de payer des intérêts (1).

64. Sous notre Droit, le mandataire, indépendamment de la peine pécuniaire écrite dans l'article 1996, peut être soumis à la pénalité spéciale édictée par l'article 408 du Code pénal.

65. La mauvaise foi ne se présumant jamais, l'obligation de prouver la faute du mandataire incombera au mandant. — Mais il y aura présomption que le mandataire a employé les deniers à son usage lorsqu'il différera de les remettre au créancier à l'époque fixée, et il devra être soumis au payement des intérêts, quand il sera lui-même débiteur du mandant, et quand il aura négligé, cette dette ne portant pas intérêts, d'en utiliser le montant au profit du mandant à compter du jour de l'échéance, ou du jour où il aura pu en faire l'emploi : *Debuit enim sibi solvere.*

66. Mais le mandant pourra-t-il, indépendamment des intérêts légaux, réclamer encore des dommages-intérêts ? J'ai chargé mon mandataire de remettre une somme d'argent à mon créancier. Il a employé la somme à son usage, et le créancier a dirigé des pour-

(2) L. 10, § 4, et l. 6, § 6, D., Mandati. — Consulter, sur la conversion du mandat en *mutuum,* Pellat : Textes choisis des Pandectes, 1830, p. 83 à 94.

suites contre moi. Pourrai-je exiger la réparation du préjudice que m'ont causé ces poursuites ?

Nous avons vu, en parlant des intérêts moratoires, que l'article 1153 renfermait une disposition générale à laquelle il n'était permis de faire échec que dans les cas limitativement prévus par la loi (1). Mais l'article 1153 ne s'occupe que des obligations qui se bornent au payement d'une somme d'argent. Or, ici, le mandataire s'est engagé à faire quelque chose, et c'est alors l'article 1149 qui doit être la règle.

67. Quant aux intérêts du reliquat de compte, ils courent à compter de la mise en demeure. — Toutefois, une simple sommation extrajudiciaire suffirait-elle pour produire ce résultat ?

L'affirmative est universellement admise. L'article 1996 exige simplement une mise en demeure. Or, aux termes de l'article 1139, le débiteur est constitué en demeure par une sommation ou autre acte équivalent. On argumente aussi par analogie des articles 1652 et 474 ; et, enfin, on fait remarquer que la sommation non suivie d'effet doit faire présumer que le mandataire a employé les sommes à son usage (2).

Cette opinion, si favorable qu'elle soit, ne me paraît pas très-sûre en présence de l'article 1153. L'obligation pour le mandataire de payer le reliquat est bien une obligation d'une certaine somme. Or, dans ce cas, les intérêts ne sont dus que du jour de la demande, excepté lorsque la loi les fait courir de plein droit. Il serait donc plus sage de recourir à une demande judiciaire.

(1) V. Supra, n° 14, p. 104 et suiv.
(2) Aubry et Rau, d'après Zachariæ, § 413, note 0

§ 2.

Obligations du mandant.

68. Art. 2001 : « L'intérêt des avances faites par le mandataire lui est dû par le mandant à dater du jour des avances constatées. »

C'est encore la reproduction d'une règle du Droit romain : « Adversus eum cujus negotia gesta sunt, de pecunia quam de propriis opibus, vel ab aliis mutua acceptam erogasti, mandati actione pro sorte et usuris potes experiri (1). »

Dans l'ancien Droit, la règle générale était que le mandant ne devait d'intérêts que du jour de la demande.

Le système admis par la loi romaine et par le Code Napoléon me semble préférable. Si le mandat est de sa nature gratuit, il ne faut pas en conclure que l'exécution de ce contrat doive causer un préjudice au mandataire. Or, si l'on ne tenait compté des intérêts des avances faites, le mandataire serait constitué en perte : ou bien ces avances sont le résultat d'emprunts dont il a payé les intérêts, ou bien il a employé ses propres deniers au lieu de les utiliser pour son propre compte personnel ; dans les deux cas, il pourra agir contre le mandant afin d'être indemnisé. Le mandat étant un contrat de bonne foi, « totum hoc ex æquo et bono judex arbitratur (2), » l'équité voulait que l'article 2001 fût la corrélation de l'article 1996.

69. Mais, évidemment, pour que des intérêts puissent être réclamés, il faut que le mandataire soit en avance. — On devrait toutefois accorder des intérêts au mandataire, non-seulement lorsqu'il

(1) L. 1, C., Mandati. — L. 12, § 9. D , Mandati. — Sent. Pauli, l. II, t. XV, § 2.

(2) L. 12, § 9, D., Mandati.

effectue réellement un payement pour le compte du mandant, mais encore lorsque, d'après ses instructions, il tient à sa disposition et à la disposition de ses créanciers des sommes qu'il retire de la circulation ; et ces intérêts devraient courir du jour indiqué, encore que le mandant ou ses ayants-cause n'aient pas pris les deniers, si le mandataire établit que ces sommes sont restées improductives entre ses mains.

Le mandataire ne pourrait pourtant se prévaloir de l'article 2001 si, ayant entre les mains pour le mandant des valeurs disponibles, il avait négligé de les utiliser et employé les siennes propres. Le mandataire cherche alors, non pas à se rendre utile au mandant, mais à faire une bonne opération dans son intérêt particulier. Or, la loi accorde des intérêts au mandataire, non pour qu'il réalise des bénéfices, mais pour qu'il ne soit pas en perte. — Si, toutefois, les valeurs qui sont aux mains du mandataire n'étaient pas liquides, si leur réalisation offrait des difficultés et que, d'autre part, il y eût urgence de faire un payement, le mandataire pourrait demander des intérêts.

Le mandataire jouant le rôle de demandeur, c'est sur lui que pèse la charge d'établir l'époque des avances. Mais aucun moyen de preuve spéciale ne lui est imposé ; il lui suffit de recourir aux quittances qu'il a dû retirer des créanciers.

70. Nous arrivons maintenant à la partie délicate de notre sujet. — Je me demande quelles personnes peuvent se prévaloir de notre article. Incontestablement, le mandataire sera admis à réclamer des intérêts ; mais que décider relativement au gérant d'affaires, à la caution, au coassocié, à l'exécuteur testamentaire, à l'officier public ?

71. Et, d'abord, le *negotiorum gestor* peut-il réclamer l'intérêt de ses avances ?

Cette question n'en était pas une à Rome : « Usuras quas præstavimus, vel quas ex notra pecunia percipere potuimus, quam in aliena negotia impendimus servabimus negotiorum gestorum judicio (1) ; » et cette solution admise par l'ancien Droit (2) était généralement acceptée de nos jours. La Cour de cassation l'avait cependant proscrite ; mais son arrêt était resté sans partisans, lorsque M. Larombière a cru devoir lui donner l'appui de son imposante autorité.

D'après ce jurisconsulte, l'article 2001 est une exception à l'article 1153 ; il ne doit être appliqué qu'au mandataire seul, et le gérant d'affaires ne pourrait l'invoquer, lors même qu'il y aurait identité de motifs. — Mais cette parité de raisons n'existe pas. Les rapports qui ont précédé le mandat font supposer une convention tacite intervenue entre le mandataire et le mandant. On peut croire aussi que des liens d'intimité et d'affection existent entre les parties, tandis que rien de pareil n'apparaît dans la gestion d'affaires qui ne suppose un rapprochement antérieur entre les quasi-contractants. — Enfin, l'article 1155 prévoit le cas où un tiers, en l'acquit du débiteur, paye des intérêts au créancier. Il s'agit bien alors d'un gérant d'affaires. Or, la loi, pour faire courir les intérêts de ses avances, exige une demande. Si le gérant avait droit aux intérêts de plein droit, l'article serait inexplicable.

A l'argumentation de M. Larombière, nous croyons que l'on peut répondre victorieusement et sans revenir sur les précédents historiques que le législateur n'a nullement répudiés et qui ont bien leur valeur et leur importance ; je veux m'attaquer directement aux motifs qui ont déterminé l'éminent magistrat.

J'admettrai volontiers que l'article 1153 constitue la règle générale et que l'article 2001 est une exception à cette règle. Mais, ce qu'il faut rechercher, c'est la valeur et le caractère de cette

---

(1) L. 10, § 4, C., De Negotiis gestis. — L. 18., C., De Negotiis gestis. — L. 37. D., De Usuris.

(2) Domat : Lois civiles, l. II, t. IV, sect. 2, nº 8.

exception. Si elle nous apparaît comme contraire aux principes ou à l'équité, comme celle que nous avons rencontrée dans les articles 1548 et 1440, nous la renfermerons dans ses plus étroites limites ; si, au contraire, elle repose sur cette grande maxime, que nul ne peut s'enrichir aux dépens d'autrui, nous l'étendrons à toutes les hypothèses analogues, à celle que le législateur a eu surtout en vue dans l'article 2001.

Or, quelle différence peut-on faire équitablement entre le mandataire et le gérant dont la gestion a été utile au maître ? N'ont-ils pas l'un et l'autre procuré à celui-ci un avantage, et, dès lors, leur situation ne doit-elle pas être identique ? — Il y a des cas où l'injustice qui résulterait de la solution proposée par M. Larombière est si manifeste que lui-même recule devant la conséquence. Le gérant qui emprunte à intérêt les sommes destinées à la gestion ou qui les retire de la caisse d'un banquier qui lui en payait l'intérêt devra être indemnisé de ces intérêts payés ou perdus par lui dans l'accomplissement de sa gestion ! — Mais à quel titre lui accordez-vous cette indemnité ? A titre de dépense et non à titre d'intérêts courus de plein droit ? — Il n'est pas exact de dire que le gérant ait dépensé ces intérêts pour le maître de l'affaire, ou bien le même raisonnement pourra s'appliquer dans toutes les hypothèses... Si votre système était admissible, vous devriez logiquement suivre dans ses résultats et refuser même, dans notre espèce, au *negotiorum gestor*, l'intérêt de ses avances. Si vous le lui accordez, c'est que vous étendez forcément à votre insu la disposition équitable de l'article 2001 ; c'est, en d'autres termes, que vous généralisez l'exception.

Quant aux considérations générales que l'on invoque pour établir une dissemblance entre le mandat et la gestion d'affaires, ce sont des idées qu'il est à peine besoin de réfuter. Le mandat, dit-on, fait présumer entre les contractants une intimité qui impose, d'une part, une reconnaissance complète et suppose, d'autre part, un très-grand dévouement ! — Et la gestion d'affaires, qui intervient le plus habituellement en l'absence du maître dont les droits périclitent, qui émane le plus souvent d'un homme qui, presque toujours, ne rentrera pas dans tous ses déboursés et qui ne pourra, à la différence du mandataire, réclamer que l'avantage conféré au maître, ne suppose-t-elle pas aussi le dévouement ? n'impose-t-elle pas aussi la reconnaissance ? Les gérants d'affaires sont-ils donc tous des spéculateurs ? n'obéissent-ils pas le plus souvent aux sentiments d'affection et d'intérêt qu'ils portent à celui dont ils gèrent l'affaire ? N'y a-t-il pas même une raison de différence en faveur du gérant dont l'administration est toujours gratuite, tandis que le mandataire reçoit fréquemment des honoraires comme prix de ses services ?

Mais, dit-on, le gérant qui prend dans sa caisse une somme qui y serait restée improductive, ou qui reçoit sans intérêt les deniers d'un tiers, n'éprouve aucun préjudice. Peut-être, même, le maître avait-il entre les mains de l'argent disponible ; et vous iriez le condamner à payer des intérêts au gérant ! — Ce résultat, que l'on trouve si injuste, n'a pas, cependant, arrêté le législateur lorsqu'il s'est agi d'édicter l'article 2001, sous l'empire duquel de pareilles combinaisons peuvent souvent se réaliser. Pour moi, je ne suis pas effrayé par ces reproches d'iniquité. C'est qu'en effet, le gérant aurait pu placer pour son compte les deniers qu'il a tirés de sa caisse, afin de les utiliser au profit de son maître ; c'est aussi que, dans le cas même où un tiers lui a prêté de l'argent, sans intérêt, le tiers a entendu conférer un avantage au gérant, et non pas au maître qu'il ne connaissait pas ; c'est enfin que, lorsque le maître avait dans sa caisse des sommes improductives, ses affaires n'en souffraient pas moins, puisque, par ignorance ou par impéritie, il ne s'en occupait pas. Toute la question est donc de savoir si le gérant a rendu un service au maître, s'il a droit à l'action *negotiorum gestorum*, et dans quelle mesure il y a droit. Mais, dans la mesure où ses avances ont été utiles au *dominus*, je crois, avec les traditions anciennes et modernes, que le gérant peut réclamer l'intérêt de ses avances du jour où il les a faites, sans être obligé de recourir à une demande judiciaire.

L'article 1155 est-il un obstacle à l'adoption de ce système? Non, assurément. L'article 1155 n'a pas pour but de décider qui peut réclamer des intérêts légaux moratoires ou conventionnels. Il règle uniquement une question d'anatocisme, il apporte un tempérament à l'article 1154, qui ne veut pas que des intérêts produisent eux-mêmes des intérêts, s'ils sont dus pour moins d'une année. Le tiers qui paye pour le compte d'un débiteur des intérêts dus pour six mois peut, malgré l'article 1154, exiger les intérêts de ses remboursés et de ses avances. L'article ne dit rien de plus, et, s'il parle vaguement de demande et de convention, il ne s'ensuit pas que le législateur ait voulu régler au titre des obligations une question qui n'était pas encore soumise à son examen.

72. La même question s'est encore reproduite en matière de cautionnement — Aux termes de l'article 2028, la caution qui a payé a son recours contre le débiteur principal tant pour le capital que pour les intérêts. Le fidéjusseur, en payant la dette, a agi, en quelque sorte, comme mandataire de l'obligé personnel, et, à ce titre, il peut se prévaloir de l'article 2001. Sans doute, nous lisons dans une loi romaine : « Sciendum est non plus fidejussorem consequi debere mandati judicio quam quod solverit (1). » Mais il ne s'agit pas ici d'*usuræ lucratoriæ*; il s'agit seulement d'*usuræ compensatoriæ*, dues au fidéjusseur pour qu'il soit indemnisé du préjudice que lui cause le cautionnement. Le fidéjusseur n'est pas moins digne de faveur que le mandataire, et il pourra recouvrer « contre le débiteur et le principal et les intérêts qu'il aura payés au créancier, et aussi les intérêts de ce principal et de ces intérêts (2). »

(1) L. 26, § 4, D., Mandati.
(2) Domat : Lois civiles, l. III, t. IV, sect. 3, n° 2.

Cette solution si équitable vient aussi de trouver un contradicteur dans M. Larombière, qui pense que la caution ne peut exiger de plein droit l'intérêt de ses avances. Voici ses raisons : Aux termes de l'article 2029, la caution est subrogée aux droits du créancier contre le débiteur ; or, cette subrogation légale ne modifie pas la créance, qui passe telle qu'elle existe sur la tête de la caution. On ne comprendrait pas, dès lors, qu'une créance qui ne produit pas d'intérêts entre les mains des créanciers en produisît entre les mains de la caution. — Quant à l'article 2028, s'il parle d'intérêts, c'est qu'il suppose que la créance en produisait déjà, et que la caution les a payés au créancier ; le recours de la caution a lieu pour le principal, les intérêts et les frais. La créance continuera donc de produire des intérêts dans les mains de la caution, comme dans les mains du créancier.

Ces motifs ne sont rien moins que décisifs. — Je ne m'arrêterai pas d'abord au premier argument présenté par M. Larombière. Il implique, en effet, que je serais d'accord avec l'éminent magistrat sur le caractère de la subrogation. Or, qui ne connaît les nombreuses controverses que ce point de notre droit a suscitées et qu'un arrêt récent de la Cour suprême va encore raviver (1)? Si les uns, comme M. Toullier et la Cour de cassation, et je dirais presque comme M. Mourlon et les partisans de son système, voient dans la subrogation une véritable cession de la créance, il en est d'autres qui, avec M. Merlin, soutiennent non moins énergiquement que, par l'effet du payement, l'ancienne créance a disparu ; que seulement les garanties de cette créance se détachent et viennent s'adjoindre à la créance nouvelle que le subrogé a acquise contre le débiteur par suite de son avance. Les sympathies de M. Larombière sont, je le sais, pour la première théorie (2); mais sa dissertation n'a pas ébranlé ma croyance. Sans doute, je n'ai pas à dé-

---

(1) Cassation, ch. civ., 3 avril 1801. Moniteur des Tribunaux, 1801, p. 288.
(2) Théorie pratique des Obligations, t. III, p. 202, art. 1250, n° 25.

duire ici les raisons qui me portent à préférer l'opinion de M. Merlin ; cette discussion m'éloignerait de mon sujet ; mais qu'il me suffise d'indiquer cette dissidence d'opinions pour opposer une fin de non-recevoir à l'argument puisé dans l article 2029.

Je ne peux accepter davantage l'interprétation donnée à l'article 2028 par M. Larombière. Nous allons voir quelle série de contradictions elle entraîne Puisque dans son système la subrogation emporte transport de la créance, était-il besoin de dire que la caution subrogée pourrait réclamer des intérêts lorsque la créance en produisait déjà dans les mains du subrogeant? Le législateur aurait donc édicté une disposition inutile Or, s'il est vrai que dans l'interprétation des conventions, lorsqu'une clause est susceptible de deux sens, on doit plutôt l'entendre dans celui avec lequel elle doit avoir quelque effet que dans le sens avec lequel elle n'en pourrait produire aucun (1); et, si le même principe doit s'appliquer à plus forte raison à l'œuvre du législateur, « in ambigua voce legis, ea potius accipienda est significatio, quæ vitio caret (2), » voilà M. Larombière lui-même condamné à reconnaître que la caution a droit à l'intérêt de ses avances.

La savant magistrat admet d'ailleurs le coobligé solidaire qui paye la dette à réclamer les intérêts de ce qu'il a payé en sus de sa part virile, parce que la solidarité contient un élément de mandat qui lui est essentiel, et que, comme conséquence, l'article 2001 doit recevoir son application. — Eh quoi! le codébiteur solidaire qui, dans ses rapports avec ses codébiteurs, doit être traité comme une caution, aura droit aux intérêts de plein droit, tandis que la caution simple, qui est moins intimement liée à la dette, qui, en payant, fait uniquement l'affaire d'un tiers, sera traitée plus défavorablement!

Mais que dirait donc M. Larombière d'une caution solidaire?

(1) Art. 1157, Cod. Nap.
(2) L. 19, D., De Legibus.

Sans doute, puisque « la solidarité légale ou conventionnelle contient un élément de mandat qui lui est essentiel, » il lui permettra d'invoquer l'article 2001. Quelle contradiction! La caution solidaire qui n'a ni le bénéfice de division, ni le bénéfice de discussion, se prévaudra de l'article, tandis que la caution simple perdra l'intérêt de ses avances!

Ce sont là des conséquences inadmissibles auxquelles nous ne nous arrêterons pas. Nous repousserons donc la théorie que M. Larombière a présentée et nous nous en tiendrons aux principes si nettement formulés par Domat.

73. Tous les auteurs s'accordent avec raison pour reconnaître que l'article 2001 est applicable à l'exécuteur testamentaire et à l'associé qui a fait des avances à la société.

74. Mais la controverse est encore très-vive sur le point de savoir si l'officier ministériel, notaire ou avoué, qui a payé de ses deniers les frais d'enregistrement des actes de son ministère, pourra réclamer l'intérêt de ses déboursés du jour de ses avances.

M. Troplong (1), et après lui la Cour de cassation (2) et M. Larombière (3) répondent négativement. Pour être en droit d'invoquer l'article 2001, il faut, dit-on, avoir agi *procuratorio nomine*, et non pas par suite d'une obligation personnelle, propre et spéciale. Or, aux termes de l'article 29 de la loi du 22 frimaire an VII, le notaire est lui-même personnellement débiteur du fisc. Donc, il ne peut se prévaloir de notre disposition. — Aussi l'article 30 de la loi fiscale, en permettant au notaire d'actionner en remboursement la partie pour laquelle il a fait des avances, ne parle pas d'intérêts dus de plein droit.

(1) Commentaires du Mandat, p. 629, n° 684.
(2) Cass., 18 mars 1850.
(3) Théorie et pratique des Obligations, t. 1, art. 1153, n° 35.

Je ne saurais, pour ma part, adhérer à cette opinion. Le notaire me paraît bien être le mandataire des parties, et cela est si vrai que la même jurisprudence qui lui refuse l'intérêt de ses avances lui accorde pour le payement de ces mêmes avances une action solidaire contre toutes les parties. — Or, où puise-t-on le germe de cette solidarité? — Dans l'article 2002, Code Napoléon, sous la rubrique des obligations du mandant. Si donc, au point de vue de son droit d'action contre les parties, le notaire est traité comme un mandataire, pourquoi ne lui conserverait-on pas le même caractère lorsqu'on recherche le but de l'action? Si l'article 2002 lui est applicable, pourquoi écarterions-nous l'article 2001? Ne sont-ce pas là deux obligations qui pèsent corrélativement sur la tête du mandant?

Mais, dit-on, la loi du 22 frimaire an VII traite le notaire comme un obligé personnel! C'est afin d'assurer la perception des droits du trésor public; c'est aussi parce que la loi fiscale rend responsable du payement celui qui soumet un acte à une certaine formalité.— Mais le fisc lui-même reconnaît que, dans ses relations avec les parties, le notaire n'est plus qu'un mandataire, puisqu'il s'occupe d'assurer son recours contre les parties. Bien plus, lorsque l'administration n'a perçu qu'un droit insuffisant, ce n'est pas contre l'officier public, c'est contre la partie que les contraintes sont dirigées.

Ainsi tombe le raisonnement de M. Troplong, qui est obligé de confesser que « le notaire est le mandataire des parties pour recevoir leurs dispositions et les convertir en acte public. »—Or, le payement des droits réclamés par le trésor n'est-il pas la conséquence et la suite nécessaire du mandat reçu des clients pour parfaire l'acte et le rendre définitif? et, si le notaire est obligé envers la régie, n'est-ce pas précisément à raison de sa qualité de mandataire des parties?

L'article 2002, dit-on, ne s'occupe pas des déboursés du notaire, il s'occupe seulement des honoraires dus à l'officier public. Ainsi donc le notaire serait moins favorablement traité quand il lutte *de damno vitando*, que lorsqu'il s'agit pour lui d'obtenir un avantage, *de lucro captando !* Ce serait le renversement de tous les principes du droit ! L'article 2002 ne fait pas cette distinction entre les honoraires et les déboursés, et la jurisprudence ne la fait pas davantage.

Mais, en admettant, pour un moment, que le notaire ne soit pas un mandataire, n'agit-il pas dans l'intérêt des parties en assurant l'authenticité de l'acte, en lui donnant le complément qu'il appelle ; et, à ce titre, ne doit-on pas le traiter comme un *negotiorum gestor ?*—Non, dit-on, il ne saurait y avoir gestion d'affaires, puisque toujours dans la gestion d'affaires le maître doit avoir la faculté d'agir lui-même, si bon lui semble, et, dans notre espèce, le notaire seul peut libérer le client envers la régie.—Viendrait-on soutenir, par hasard, que le notaire ne pourrait pas licitement se présenter au bureau de l'enregistrement, assisté des parties, remettre lui-même l'acte au receveur pour assurer la sincérité et la réalité de l'acte pendant que les parties acquitteraient entre les mains du préposé de la régie les sommes dont elles sont redevables au trésor ? Ne sont-ce pas d'ailleurs les parties qui acquittent toujours directement les droits supplémentaires et les droits dus pour certains actes spéciaux, comme les testaments ?

S'il n'est pas gérant d'affaire, le notaire sera au moins la caution, solidaire si l'on veut, des parties. La caution est une personne obligée envers un créancier pour le compte d'un débiteur principal. Or, n'est-ce pas là vraiment la situation de l'officier ministériel ?

Que l'on voie donc dans le notaire un mandataire, un *negotiorum gestor* ou une caution ; à tous ces titres, on devra lui reconnaître le droit d'invoquer la disposition éminemment favorable de l'article 2001 (1).

(1) Revue pratique, 1858, t. V, p. 429. — Revue critique, 1853, t. III, p. 250 à 274.

CHAPITRE IV

DE L'ANATOCISME.

75. L'anatocisme est la production d'intérêts par des intérêts déjà échus qui restent aux mains du débiteur et qui deviennent pour le créancier un nouveau capital.

De toutes les conventions qu'un débiteur peut consentir, il n'en est pas de plus dangereuse que celle dont nous allons nous occuper. L'expérience a suffisamment démontré que l'on ne peut introduire dans un patrimoine un principe de ruine plus actif, plus rapide et plus dévorant (1). C'est, pour employer l'heureuse comparaison d'un de nos maîtres, la boule de neige, imperceptible au point de départ, et qui, dans sa course, va sans cesse grossissant jusqu'au jour où, devenue terrible avalanche, elle porte partout le deuil et la destruction, et ne laisse derrière elle que des ruines et des décombres. Aussi l'attention des législateurs s'est de tout temps portée sur cette clause, et leurs efforts ont tendu à prévenir ou à diminuer ses fâcheux résultats.

L'anatocisme était connu des Athéniens, et je le trouve men-

(1) Fænus fænori additum parentum malorum mala est soboles. — Illi isti usurarum fœtus dicuntur esse progenies viperarum. Aiunt viperas, dum gignuntur, ventrem matris corrodere Fœnus quoque erosis ac consumptis debitorum ædibus, nascitur. — Semina temporis progressu germinaut et animalia tempore præstituta fœtus edunt suos. Usura vero hodie generatur, et hodie parere incipit. — Qua animalia cito pariunt, ea a partu cito desistunt. At pecuniæ celerem usurarum originem consecutæ, infinitam accessionem magis ac magis crescentem suscipiunt. — Quidquid crescit, ubi ad propriam magnitudinem pervenerit, desierit augeri. Avarorum vero argentum omni tempore augescit. — Animalia, ubi suæ soboli vim impertiverunt pariendi, supersedent prægnatione. At fæneratorum pecuniæ et adnascentes pariunt, et veteris renovantur. — Nec tu portentosæ hujus bestiæ periculum feceris! (Saint Basile, Homelia in ps. xiv. Edit. 1721-1730, t. I, p. 111.)

tionné dans une des plus remarquables comédies d'Aristophane. D'Athènes, il passa à Rome où la législation le toléra dans le principe. La défense de faire produire des intérêts aux intérêts ne me paraît pas avoir été antérieure à Cicéron.

Telle n'est pas, je le reconnais, l'opinion généralement reçue, et les auteurs qui ont écrit sur notre sujet enseignent presque unanimement, en se fondant sur la loi 28, C., *De Usuris*, que la prohibition de l'anatocisme doit être contemporaine de la loi des douze tables.

Quelque importante que soit cette opinion par le grand nombre d'adhésions qu'elle a ralliées, il m'est impossible de l'accepter, et trois motifs me portent à penser qu'elle n'est pas l'expression de la vérité.

J'ai déjà eu l'occasion de faire remarquer que les décemvirs s'étaient inspirés dans leur œuvre de la législation des Athéniens et que, notamment, ils lui avaient emprunté les règles relatives au taux de l'intérêt. Or, il me paraît très-vraisemblable, surtout en rapprochant cette considération de celles qui vont suivre, qu'ils ont pris ces dispositions telles qu'elles existaient à Athènes, c'est-à-dire autorisant l'anatocisme.

En second lieu, nous rencontrons dès les premiers temps de Rome une institution sur la nature de laquelle on est loin d'être d'accord, mais qui, quelle que soit l'opinion à laquelle on s'arrête, a les plus grands traits de ressemblance avec l'anatocisme. Je veux parler de la *Versura*. — Etait-ce, comme la dit M. Niebuhr, une conversion de plein droit de l'ancien capital et des intérêts échus en un nouvel et unique capital productif d'intérêts (1) ? — Etait-ce, au contraire, comme le pense Festus, un double agissement juridique, par lequel le débiteur, pour s'acquitter vis-à-vis de son créancier, contractait une nouvelle dette en empruntant une somme suffisante pour le payement tout à la fois du capital

(1) T. II, p. 381. Voir cependant t. V, p. 21.

et des intérêts (1)? — Je ne veux pas l'examiner ici. Toujours est-il que, dans l'une et dans l'autre hypothèse, nous voyons des intérêts convertis en capital et produisant eux-mêmes aussitôt des intérêts, ce qui est précisément l'anatocisme.

Je trouve enfin dans une lettre de Cicéron à Atticus un détail très-important et qui fortifie singulièrement mon opinion. Le grand orateur, en prenant possession de son gouvernement de Cilicie, proclama dans son édit : « Centesimas se observaturum cum anatocismo (2). » Et que l'on ne dise pas qu'il s'agissait, dans l'espèce, de provinciaux traités plus sévèrement et plus rigoureusement que les Romains eux-mêmes : l'argument serait sans force, car les lois *Sempronia et Gabinia* eurent principalement

(1) Festus définit la Versura : « Versuram facere ex ea dictum est quod qui mutuabantur ab aliis, non ut domum ferrent, sed ut aliis solverent, vel ut verterent debitorem. » — La définition de Cujas est un peu différente : « Est versura mutuata pecunia sub usuris, qua dissolvebantur usuræ aliis debitæ. » (Sur la loi 1, C., De Usuris.) — Il faut reconnaître toutefois que les expressions *versuram facere* ont été quelquefois employées pour signifier seulement emprunter à intérêt. Je crois que c'est en ce sens que l'on dit la loi Gabinia, De Versura (Cicéron, éd. Tauchnitz, t. XI. Indices, p. 10.) — J'en dirais autant de ces expressions de Tacite : « Postremo vetita versura. » (Annalium, lib. VI, n° 16.)

(2) « Cum ego in edicto tralatitio centesimas me observaturum haberem cum anatocismo anniversario; ille ex syngrapha postulabat quaternas. » (Epistolæ ad Atticum, lib. V, Epist. 21.) — J'ai préféré ce texte qui est celui de l'édition Lemaire (Paris, 1827), et qui est conforme à l'édition de Paris (1742, 9 vol. in-4°), au texte habituellement si correct des éditions latines allemandes de Tauchnitz. Je lis, en effet, dans ces dernières : « Quum ego in edicto tralatitio, centesimas me observaturum, haberem, cum anatocismo anniversario ille ex syngrapha postulabat quaternas. » (T. VII, p. 171.) Cette légère différence dans la ponctuation changerait complétement ce passage, et je ne pourrais plus alors l'invoquer. — Je puise les raisons de ma préférence dans la même lettre de Cicéron. J'y trouve, en effet, ces mots : « Clamare omnes qui aderant, nihil impudentius Scaptio qui centesimis cum anatocismo contentus non esset. » Cicéron accordait donc à Scaptius « centesimas cum anatocismo. » Je pourrais encore invoquer le texte du sénatus-consulte dont il va bientôt être question.

pour but de mettre sur la même ligne, au point de vue du prêt à intérêt, les Romains, les alliés, les Latins et les provinciaux (1).

Or, si cette tolérance de l'anatocisme existait à l'époque de Cicéron, il n'est pas probable qu'elle fût de création récente. C'était une institution rigoureuse pour les débiteurs, et l'on sait que, depuis la loi des Douze Tables jusqu'à Justinien, la condition de ceux-ci alla toujours s'améliorant.

L'anatocisme, suivant moi, a donc existé à Rome pendant plusieurs siècles, et c'est seulement à l'année 703 environ de la fondation de Rome que je reporterais sa prohibition. En effet, dans la même lettre à Atticus, le gouverneur de Cilicie fait allusion à un sénatus-consulte récent, qui a décidé : « Ut centesimæ perpetuo fænore ducerentur (2). » Si les intérêts devaient toujours rester des intérêts, ils ne pouvaient plus désormais se transformer en un capital productif, et, dès lors, il y avait exclusion de l'anatocisme.

Quoi qu'il en soit de ces quelques réflexions, qui n'offrent qu'un intérêt purement historique et que je me borne à indiquer sans les développer, il est constant qu'à l'époque de Justinien l'anatocisme était depuis longtemps prohibé par les lois : « Ut nullo modo usuræ usurarum a debitoribus exigantur veteribus quidem legibus constitutum fuerat (3). » Le débiteur qui avait souscrit une obligation de cette nature n'était pas tenu de l'exécuter (4). Bien plus, lorsqu'il avait cru devoir remplir son engagement, tout n'était pas dit encore ; il pouvait agir en répétition (5), et le créancier qui s'était permis de transgresser la loi était noté

---

(1) De Caqueray : Explication des passages de Droit privé contenus dans les œuvres de Cicéron, p. 554.

(2) Espistolæ ad Atticum, lib. V, ep. 21, n° 13.

(3) L. 28, C., De Usuris.

(4) L. 29, D., De Usuris.

(5) L. 26, § 1, D., De Condictione indebiti.

d'infamie (1). Ces principes étaient appliqués avec une telle rigueur que le possesseur de mauvaise foi, lui-même, condamné par jugement à restituer les fruits et les intérêts qu'il avait indûment perçus, n'en devait pas l'intérêt (2).

Aussi Justinien nous apprend que, pour échapper à ces règles sévères, les créanciers transformaient les intérêts échus en capital, et croyaient pouvoir alors en réclamer légitimement l'intérêt. C'est là un souvenir et un vestige de la *Versura*, qui pourrait appuyer le système de Niebuhr. Mais l'empereur fait observer avec beaucoup de sagacité que la situation du débiteur est aggravée par ces stipulations contraires, sinon à la lettre même, au moins à la pensée et à l'esprit de la loi : « Quæ differentia erat debitoribus a quibus revera usurarum usuræ exigebatur? Hoc certo erat non rebus, sed verbis tantummodo legem ponere; » et il décide que toute clause qui aura pour effet de joindre au principal les intérêts

(1) L. 20, C., Ex quibus causis infamia irrogatur.

(2) L. 15, D., De Usuris. — Il est inutile de faire observer que ce texte n'est pas en contradiction avec la loi 12, C., De Usuris, qui suppose que des fruits peuvent être produits par des fruits, lorsqu'ils jouent le rôle de *sors principalis*. (L. 2, D , De Rebus creditis) — Dans la loi 15, il ne s'agit pas de fruits *sors principalis*, il s'agit déjà d'une *accessio*, d'une *usura*, qui permet d'appliquer la règle sur l'anatocisme. — Si j'avais à apprécier législativement la loi 15, je me permettrais d'en critiquer la solution. Il n'eût pas été plus contraire aux principes d'exiger les intérêts des intérêts que le possesseur de mauvaise foi est condamné à restituer, que de les exiger dans le cas où le mandataire et le tuteur ont employé à leur usage les intérêts qu'ils ont reçus pour le compte de leur mandant ou de leur pupille; le mandataire et le tuteur ne me paraissent pas plus défavorables que le possesseur de mauvaise foi. — Je crois donc que l'on aurait été heureusement inspiré en généralisant la disposition finale de la loi 51, § 2, D., De Hereditatis petitione Les intérêts et les fruits que le possesseur de mauvaise foi est condamné à restituer se joignent au capital pour l'augmenter : *Sorti adcrescunt*. Le tout forme un capital unique que le possesseur doit rendre au véritable propriétaire, et qui, tout entier, doit produire des intérêts. L'article 1155 me paraît sur ce point bien préférable à la loi 15, D., De Usuris.

échus pour augmenter le capital productif d'intérêts devra être considérée comme non-avenue (1).

Les textes prévoient cependant deux cas où les intérêts vont produire des intérêts. Un mandataire a reçu des intérêts pour son mandant et il les a employés à son usage; il en payera l'intérêt (2). De même un tuteur s'est servi des intérêts qu'il a reçus pour le compte de son pupille; il en devra l'intérêt à celui-ci (3). C'est qu'en effet, dans les mains du mandataire et du tuteur, *usuræ sors effi-ciuntur*; et, de même que le mandataire et le tuteur doivent les intérêts des capitaux dont ils usent, de même ils doivent l'intérêt des intérêts par eux perçus lorsqu'ils s'en sont servis. Ce n'est même pas là, à proprement parler, une dérogation à la règle : « Nullo modo usuræ usurarum a debitoribus exigantur. »

Notons encore en passant, et sauf à revenir plus tard sur ce point, que le créancier postérieur qui désintéresserait un des créanciers qui lui était préférable n'avait pas droit aux intérêts de la somme par lui payée pour intérêts au créancier ainsi désintéressé (4). Le créancier postérieur a fait alors sa propre affaire, et non pas celle d'un autre. Il a agi dans son intérêt particulier et il doit se tenir pour satisfait de recevoir uniquement ce que le créancier aujourd'hui payé en a reçu. Il est subrogé aux droits de celui-ci et il ne peut avoir contre le débiteur plus de droits que celui-ci, dont il occupe actuellement la place.

Notre ancienne jurisprudence adopte généralement les principes du Droit romain, et ses décisions diverses peuvent être ramenées aux deux propositions que voici :

S'agit-il d'intérêts légaux, ils peuvent produire d'autres intérêts,

(1) L. 28, C , De Usuris.
(2) L. 10, § 3, D., Mandati vel contra.
(3) L. 7, § 12, D., De Administratione et periculo tutorum. — L. 58, § 1 et 4, D , Cod. tit
(4) L. 12, § 6, D., Qui potiores in pignore. — V. Infra, n° 84.

soit à la suite d'une demande judiciaire suivie de condamnation, soit par leur conversion en capital employé à la constitution d'une rente produisant des arrérages, l'ancien Droit ne reconnaissant les intérêts conventionnels que sous cette forme.

S'agit-il au contraire d'intérêts judiciaires, ils ne peuvent produire d'autres intérêts ni par une demande en justice, ni par le moyen d'une constitution de rente.

Quant aux intérêts conventionnels, la question ne pouvait se présenter que très-rarement, mais, dans les cas ou elle était possible, tout anatocisme était sévèrement prohibé (1).

La législation intermédiaire offre sur ce sujet un phénomène très-remarquable, sous l'empire des lois des 3-12 octobre 1789, du 6 floréal an III, et du 5 thermidor an IV, qui laissaient toute liberté aux parties pour fixer comme elles l'entendraient le taux des intérêts qu'elles jugeraient convenable de stipuler, et qui déclaraient que l'argent est une marchandise qu'on peut louer comme son champ, sa maison, moyennant un prix fixé à l'amiable; l'ancienne prohibition de l'anatocisme subsista néanmoins dans les termes de l'ancienne jurisprudence (2).

C'est en cet état que la question se présenta aux rédacteurs du Code Napoléon, et, dans la séance du 11 brumaire an XII, elle provoqua une vive discussion au milieu du Conseil d'État. Les uns demandaient l'abrogation de l'ancienne règle qui défendait l'anatocisme en matière d'intérêts conventionnels ou moratoires. M. Treilhard, « toujours disposé à réaliser dans les lois toutes les conséquences de la révolution (3), » faisait remarquer que, dans tous les cas où les intérêts étaient dus légalement ou avaient pu être

______

(1) Ordonnance du commerce de 1673, tit. 6, art 2. — Lecamus d'Houlouve, chap. v, p. 162-211.

(2) Cassation, 8 frimaire an XII; — Contra Cassation, 16 novembre 1813. — Nous préférons de beaucoup la solution donnée par le premier arrêt.

(3) M. Laferrière : Histoire des principes des institutions et des lois pendant la Révolution française, 1852, p. 469.

légalement stipulés, les intérêts échus formaient un capital qui pouvait lui-même produire des intérêts. Sans doute, autrefois, dans les prêts à terme, toute stipulation d'intérêts était prohibée, et les tribunaux ne pouvaient en prononcer que comme une peine du retard dans les payements. Ces intérêts ne pouvaient jamais produire des intérêts. Mais le système est changé : le prêt à intérêt est autorisé. Il faut donc que les principes adoptés autrefois par les tribunaux sur les intérêts licites soient étendus à ceux que produit le prêt, puisqu'on ne peut admettre le système du prêt à intérêt sans en admettre également toutes les conséquences (1). D'autres conseillers, « hostiles aux idées nouvelles, ayant l'esprit timide du jurisconsulte qui révère la tradition et se défie des nouveautés (2), » insistaient énergiquement pour le maintien de l'ancien Droit. L'idée nouvelle, disait M. Malleville, est le plus sûr moyen pour ruiner les familles et l'État même ; et l'on peut à peine se faire une idée de l'énorme et rapide progression d'une dette, même modique, qu'on permettra à un créancier avide de multiplier ainsi, en faisant produire sans cesse de nouveaux intérêts à d'autres intérêts. Sans doute, on ne peut pas empêcher qu'un créancier, comptant avec un débiteur qu'il tient dans les fers, ne l'oblige à reconnaître des intérêts échus comme un nouveau capital qu'il lui prête. Mais la loi n'a pas besoin de lui indiquer ce moyen, et surtout, elle ne doit pas autoriser formellement et sans détour les intérêts des intérêts (3).

L'opinion que M. Treilhard avait défendue triompha et devait triompher. On admit que toute liquidation faite, soit de gré à gré, soit judiciairement, aurait pour effet de faire produire des intérêts à la totalité des sommes dont elles constitueraient débiteur ; mais, sur une observation de M. Réal, qui fit remarquer que, d'une règle

(1) Locré : Législ. civile, t. XII, p. 153.
(2) M. Laferrière, loc. cit.
(3) Locré : Législ. civile, t. XII, p. 149.

aussi générale, résulterait un abus très-grand si le créancier faisait assigner son débiteur tous les trimestres, afin que les intérêts échus, se réunissant au capital, produisissent des intérêts (1), un tempérament fut apporté à la doctrine adoptée par le Conseil, tempérament qui se formula dans l'article 1154 que nous avons maintenant à étudier : « Les intérêts échus des capitaux peuvent produire des intérêts ou par une demande judiciaire, ou par une convention spéciale, pourvu que, soit dans la demande, soit dans la convention, il s'agisse d'intérêts dus au moins pour une année entière. »

76. A quel moment doit intervenir cette convention dont parle l'article 1154 ? Peut-on, dans l'acte lui-même de prêt, convenir d'avance que les intérêts produiront eux-mêmes des intérêts dans l'avenir, au fur et à mesure de leurs échéances ? ou bien la convention ne peut-elle être faite que postérieurement à l'échéance sur des intérêts déjà dus et que le créancier pourrait exiger ? — Je vous prête cent mille francs avec intérêts de cinq pour cent pour cinq ans, et nous insérons dans l'acte de prêt la clause suivante : A l'expiration de chaque année, les intérêts échus seront eux-mêmes capitalisés et produiront des intérêts, de telle sorte qu'à l'expiration de la cinquième année, le débiteur devra payer, non pas seulement cent vingt-cinq mille francs, mais bien cent vingt-sept mille six cent vingt-huit francs quinze centimes (2). Cette clause est-elle valable ?

Une opinion très-accréditée dans la doctrine et dans la jurisprudence se prononce pour l'affirmative. Elle s'appuie sur deux arguments, l'un de texte, l'autre de principe.

(1 Locré : Législ. civile, t. XII, p. 149.

(2) 1re année : 100,000 fr.; intérêts, 5,000 fr. — 2e année : capital, 105,000 fr.; intérêts, 5,250 fr. — 3e année : capital, 110,250 fr.; intérêts, 5,512 fr. 50. — 4e année : capital, 115,762 fr. 50; intérêts, 4,788 fr. 12 — 5e année : capital, 121,550 fr. 62; intérêts, 6,077 fr. 53. Total, 127,628 fr. 15.

1° Argument de texte : Aux termes de l'article 1130, Code Napoléon, les choses futures peuvent être l'objet d'une convention ; telle est la règle. Or, les intérêts à venir d'un capital sont choses futures. Donc, ces intérêts peuvent être l'objet d'une convention et notamment d'une stipulation d'intérêts. — A la règle posée par l'article 1130, l'article 1154 a-t-il apporté une exception ? Nullement. Ce que l'article 1154 défend, c'est de stipuler que des intérêts de trois mois ou de six mois produisent des intérêts. Ce qu'il veut, c'est que les intérêts soient dus au moins pour une année avant de devenir eux-mêmes producteurs d'intérêts. Or, la convention dit que ce ne sera qu'à l'expiration de chaque année que les intérêts seront capitalisés. Donc, ni l'article 1130, ni l'article 1154 ne sont violés dans ce système.

Bien plus, il faut dire que l'article 1154 a eu précisément en vue d'autoriser ces stipulations faites à l'avance. Si on l'entendait autrement, il renfermerait une disposition inutile. Dès lors que le Code Napoléon autorisait le prêt à intérêt, il était bien évident, et la loi n'avait pas besoin de le déclarer, que des intérêts échus constituant un capital pouvaient être l'objet d'une nouvelle convention productrice d'intérêts. C'est donc précisément notre hypothèse que le législateur a eue en vue et qu'il a résolue par l'affirmative.

2° Argument de principe · Ce que la loi a voulu proscrire, c'est cet anatocisme dévorant qui ferait courir les intérêts des intérêts au bout de six mois, de trois mois, d'un mois même. Contre tout autre engagement, elle ne protége pas le débiteur. C'est à lui qu'il appartient de veiller sur ses intérêts.

Il se peut même que, dans des circonstances nombreuses, la stipulation qui nous occupe soit faite dans l'intérêt même du débiteur. Un homme est nu-propriétaire d'une fortune considérable ; à la mort de l'usufruitier, il sera plus que millionnaire. Mais provisoirement, il est dans la gêne et dans la détresse. Le moment de marier sa fille se présente, et cet homme, qui veut agir en futur millionnaire et doter largement sa fille, emprunte pour dix ans trois cent mille francs qu'il lui donne. Chaque année il aura quinze mille francs d'intérêts à payer à son prêteur, et ses revenus sont de beaucoup inférieurs à cette somme. Si vous ne lui permettez pas de stipuler avec le capitaliste que les intérêts ne seront pas dus à l'expiration de chaque année, mais qu'au contraire ils seront capitalisés, vous lui rendrez tout emprunt impossible. Pourquoi donc, par un excès de rigorisme, annuler une convention faite dans l'intérêt du débiteur?

Tel est le système qui a obtenu l'assentiment de la Cour suprême et que la pratique adopte sans contradiction. Un grand nombre de jurisconsultes, et des plus autorisés, lui ont donné l'important appui de leur adhésion (1). En présence de ces témoignages, il est permis d'hésiter.

Cependant, nous ne pouvons l'accueillir et nous le combattrons par deux arguments que nous puiserons, nous aussi, l'un dans les

(1) Cassation, 11 décembre 1844. — Dalloz : Repert., V⁰. Prêt à Intérêt, n° 140. — Larombière : Sur l'art. 1154, n° 6.

J'ai entendu proposer un autre système, d'après lequel la convention serait valable si l'on se bornait à dire que chaque année les 5,000 francs d'intérêts se joindraient au capital ; mais qui ne permettrait pas de stipuler que les intérêts de ces 5,000 francs produiraient eux-mêmes des intérêts. Ainsi, dans l'espèce que nous avons choisie, la convention serait valable jusqu'à concurrence de 127,500 francs, les 128 fr. 15 provenant de la capitalisation des intérêts des intérêts ne pourraient être réclamés. La raison que l'on en donne est que l'article 1154 permet seulement l'intérêt des intérêts, tandis qu'il s'agirait ici de l'intérêt produit par des intérêts d'intérêts.

Je ne crois pas que cette distinction ait sa raison d'être : du moment que les intérêts sont capitalisés, ils perdent leur caractère d'intérêts pour revêtir celui de principal. Je ne vois pas pourquoi, lorsque votre débiteur vous doit pour intérêts 5,250 francs, produits par un capital unique de 105,000 francs 5,000 francs seulement pourraient devenir générateurs d'intérêts, et 250 francs resteraient improductifs sans que le créancier puisse les réclamer afin de pouvoir les employer à un nouveau placement.

Aussi, dans le système que j'adopte, lorsqu'il s'agit de conventions postérieures à l'échéance des intérêts, je ne ferais nulle difficulté d'admettre une convention intervenant entre le débiteur et son créancier et portant que les 5,250 francs deviendront un capital productif.

textes de nos articles 1154 et 1155, l'autre dans les motifs qui ont inspiré ces articles au législateur.

1° Argument de texte, article 1154 : « Les intérêts échus des capitaux peuvent produire des intérêts... par une convention spéciale, pourvu que... dans la convention, il s'agisse d'intérêts dus au moins pour une année entière. » Sur quoi la convention peut-elle porter ? Sur des intérêts échus; sur des intérêts dus. Or, au moment où vous avez fait la convention, il n'y avait pas d'intérêts dus. Donc, vous avez violé le texte de l'article 1154.

Eh ! sans doute, dit-on, ils n'étaient pas échus, ils n'étaient pas dus. Mais la convention elle-même porte qu'ils ne produiront des intérêts que lorsqu'ils seront dus ou échus. — Je dis, moi, que la loi exige davantage. Elle veut, non-seulement que les intérêts ne portent intérêt qu'après leur échéance, mais elle veut encore qu'ils soient dus et échus au moment où se forme la convention. J'en trouve la preuve dans l'article 1154, dans l'article 1135 et dans les travaux préparatoires.

Dans l'article 1154, qui, par deux fois, met sur la même ligne la demande judiciaire et la convention. Or, n'est-il pas manifeste que la demande tendant à faire produire des intérêts aux intérêts ne peut être formée que lorsque les intérêts sont dus et échus ? Pourquoi donc en serait-il autrement de la convention ?

Dans l'article 1155, où je rencontre d'abord la même assimilation et de plus un argument dont la force est bien grande. L'article 1154 défend l'anatocisme quand les intérêts sont dus pour moins d'une année entière. L'article 1155 nous annonce des exceptions à cette règle : « Certains revenus échus, quoique dus pour moins d'une année, produisent intérêt du jour de la convention. » S'agit-il donc d'une convention antérieure à l'échéance des intérêts lorsque la loi déclare que des intérêts échus produiront intérêt du jour de la convention ? — C'est donc que la loi n'autorise l'anatocisme que lorsque la convention intervient après l'échéance des intérêts.

La même idée ressort à chaque ligne des travaux préparatoires, et, dans ces monuments législatifs, souvent confus et obscurs, il n'est peut-être pas une pensée qui se produise avec plus de persistance. M. Pelco demande si l'article 51 du projet abroge l'usage où l'on était de joindre au capital originaire les intérêts liquidés pour ne faire du tout qu'un seul et même capital. — Le consul Cambacérès pense que, si par une convention nouvelle les parties *avaient réglé ensemble*, et si, ajoutant au capital primitif les intérêts *échus*, le créancier avait accordé pour le tout un nouveau crédit au débiteur avec stipulation d'intérêts qui deviendraient le prix de ce nouveau crédit, il n'y a point de doute que la stipulation ne dût avoir ses effets. — Et MM. Bigot Préameneu et Treilhard disent que la section a rédigé l'article dans ce sens. — Nous avons déjà cité ces paroles de M. Malleville : « On ne peut pas empêcher qu'un créancier, comptant avec un débiteur qu'il tient dans les fers, ne l'oblige à reconnaître des intérêts *échus* comme un nouveau capital qu'il lui prête. Mais la loi n'a pas besoin de lui indiquer ce moyen. » Et l'éminent magistrat concluait au rejet de l'article. — M. Regnaud de Saint-Jean-d'Angély demande que toute *liquidation* faite soit de gré à gré, soit judiciairement, ait l'effet de faire produire également des intérêts à la totalité des sommes dont elle constitue débiteur. — M. Bigot Préameneu demande que le conseil se prononce sur la question de savoir s'il sera dû des intérêts des *intérêts liquidés*. — M. Berrier fait observer qu'il ne faut pas confondre dans la même question ce qui est relatif aux *intérêts des intérêts liquidés* par les parties ou adjugés par un jugement... Les intérêts *liquidés* de gré à gré peuvent être considérés comme un nouveau capital produisant de nouveaux intérêts quand les parties en conviennent. C'est comme si le débiteur payait et qu'au même instant les deniers lui fussent remis avec l'obligation d'en payer les intérêts... Et l'orateur conclut au maintien de l'article, quant à l'anatocisme conventionnel, en s'opposant à l'anatocisme judiciaire. — Le consul Cambacérès, qui partage cette opinion, dit que lorsque deux parties s'étant rapprochées ont consenti à différer le payement, en joignant les intérêts *échus* au capital, alors c'est un nouveau capital que le créancier confie au débiteur. — On se rappelle enfin la parole de M. Treilhard que nous avons citée plus haut. — Tous les conseillers d'État qui prennent part à la discussion obéissent à la même préoccupation. Tous supposent une convention postérieure à l'échéance (1).

Est-il donc vrai de dire qu'ainsi entendu l'article 1154 ne renferme qu'une disposition inutile, et que, le prêt à intérêt étant admis, il était évident que les intérêts échus constituaient un capital et pouvaient faire l'objet d'une stipulation d'intérêts ? — La réponse est facile : A Rome, où le prêt à intérêt était licite, la loi 28, C., *De Usuris*, déclarait néanmoins : « Nullo modo licere quiquam usuras preteriti temporis vel futuri in sortem redigere, et earum iterum usuras stipulari. » Et, pendant la discussion même qui avait lieu au Conseil d'État sous la loi du 5 thermidor an IV, le Tribunal de Cassation, le 8 frimaire an XII, jugeait qu'aucune loi du nouveau régime n'avait réformé les dispositions de l'ordonnance de 1673 sur l'anatocisme. — Etait-il donc superflu d'écrire l'article 1154, et n'était-ce pas pour la commission un avertissement qui la mettait en demeure de trancher la controverse ?

2° Argument de principe : Est-on bien fondé maintenant à adresser à notre interprétation le reproche de judaïsme, et à soutenir que nous faisons échec à la pensée de la loi ? Le législateur n'avait-il pas des motifs spéciaux pour s'arrêter, dans la voie des innovations, à la solution que, suivant nous, il a adoptée ? — Entre la stipulation qui intervient au moment du prêt et celle qui a lieu au fur et à mesure des échéances, la différence est grande. Le jour des emprunts c'est le moment de la détresse ; c'est aussi

(1) Locré : Législ. civ., t. XII, p. 147 à 154.

le moment des illusions. Le crédit que l'on obtient, c'est le salut présent ; et, quant aux éventualités ruineuses qu'on amoncelle sur sa tête ; on ne les entrevoit que dans un avenir lointain et on espère pouvoir s'y soustraire (1). Il faut donc craindre que l'emprunteur ne consente légèrement des conditions qui auraient pour résultat d'accumuler de nombreuses années d'intérêts en plongeant le débiteur dans une trompeuse sécurité. — Au contraire, lorsque le débiteur doit, chaque année, payer des intérêts, lorsqu'il est obligé de compter sur la bienveillance de son créancier pour pouvoir renouveler la stipulation au fur et à mesure des créances, il est prévenu ; il peut voir chaque année les ravages opérés dans sa fortune par cet accroissement du capital, qui, en quatorze ans, double sa dette. Et, en présences de ces augmentations successives, peut-être s'arrêtera-t-il un jour ?

L'accroissement insensible du capital par l'adjonction des intérêts est un mal contre lequel il faut préserver l'emprunteur. Celui-ci, qui n'aurait rien à payer jusqu'à une époque éloignée, dépenserait sans inquiétude, chaque année, tous ses revenus, sans songer à prélever ce qui est indispensable pour faire face au payement des intérêts. Lorsqu'il faudrait remplir ses engagement, il se trouverait en face de la ruine et, qui sait, du désespoir! La société a intérêt à éviter de pareilles catastrophes, qui exercent toujours sur elle la plus fâcheuse influence. Ce n'est donc pas les clauses de ce genre qu'il faut favoriser. Combien leur sont préférables ces stipulations insérées aujourd'hui dans les prêts consentis par

(1) Venit subsidium inventurus sed hortem reperit Remedium dum requireret, in venenum incidit. Officium tuum fuerat viri sublevare inopiam. At, tu illius adauges egestatem, homini destituti facultates quarens exhaurire... Argentum qui accepit primum quidem splendidus hac hilaris est et aliena flore oblectatus ; mutatione vitæ inclarescit. . Sed cum sensim diffluunt pecuniæ, tempusque progrediens secum fænus advehit, tuum ei requiem non afferunt noctes, non dies hilaris est, non sol jucundus; sed cum vitæ tædet. (Saint Basile : Homelia in psalm. xiv, Ed. 1721-1730, t. I, p. 108)

les sociétés de crédit foncier, stipulations qui vous forcent à prendre annuellement sur vos revenus, non-seulement l'intérêt, mais
une portion du capital de votre dette, et qui vous libèrent presque
à votre insu, sans que votre patrimoine soit atteint! Clauses ins-
pirées par une sage expérience des hommes et des affaires, et qu'il
faut généraliser de préférence à des conditions ruineuses et déplorables.

Et quant aux exemples que l'on a imaginés pour prouver que la
stipulation peut être utile même à l'emprunteur, nous répondons
qu'ils sont exceptionnels. Ce dont il faut tenir compte, c'est du
fait général. Ces hypothèses, habilement imaginées et ingénieuse-
ment trouvées, ne se sont pas présentées au législateur. Ce qu'il
a vu, c'est l'homme aux abois, subissant la loi du prêteur, accé-
dant à toutes ses exigences et signant un pacte qui consommera
sa ruine si l'on ne vient pas à son secours. N'a-t-on pas vu devant
nos cours souveraines l'exemple d'un débiteur contractant une
dette de trente mille francs, s'endormant dans une fausse sécurité
et se réveillant tout à coup en présence de son créancier qui
exigeait quatre-vingt douze mille francs? Est-ce là le but que le
législateur s'est proposé dans notre article 1154, lorsqu'on voit
avec quelle sollicitude il a traité l'emprunteur dans un grand
nombre de circonstances?

Ces considérations, sur lesquelles j'ai longtemps insisté à raison
de leur importance, me paraissent décisives, et, avec M. Marcadé (1), je repousserais la solution généralement enseignée.

77. En traitant des intérêts conventionnels, j'ai laissé de côté la
question de savoir si le prêteur peut licitement stipuler de son
emprunteur que les intérêts seront payables par six mois. Le

____

(1) Sur l'art. 1154, III°. — Telle est aussi l'opinion professée par M. Demolombe et par M. Valette. (Mourlon : Répétitions écrites. 4° édit., t. II,
p. 526.)

moment est venu de nous prononcer sur cette difficulté, qui nous permettra d'apprécier la valeur de la dernière disposition de notre article 1154.

Cette question n'en est pas une dans la pratique, et l'affirmative ne rencontre aucune opposition. On ne manque pas même de la justifier par l'intérêt de l'emprunteur lui-même, qui payera plus facilement 2,500 francs que 5,000 francs, et par l'intérêt du prêteur qui trouvera plus agréable de percevoir l'intérêt de ses capitaux chaque semestre, ainsi que cela a lieu pour les rentes sur l'État.

En présence d'une stipulation aussi accréditée, non-seulement dans la pratique et dans la doctrine, mais encore dans les mœurs des populations qui n'adressent pas l'épithète d'usurier à celui qui fait de pareilles conventions, il est peut-être inutile de protester. — Je crois cependant que le Code Napoléon et la loi de 1807, sainement interprétés, conduisent à annuler une clause de ce genre.

La pensée de la loi, telle qu'elle me paraît ressortir de l'article 1154, est celle-ci : c'est que des intérêts ne peuvent être réclamés à l'emprunteur que lorsqu'il a joui du capital pendant une année entière. Tant que l'emprunteur n'a pas joui pendant une année, on ne peut rien exiger de lui. S'il en était autrement, pourquoi la loi vous défendrait-elle de stipuler, avant l'expiration d'une année, que les intérêts deviendront eux-mêmes un capital ? Je vous prête cent mille francs le 1er janvier. Si le 1er juillet je peux légitimement m'adresser à vous et vousréclamer deux mille. cinq cents francs, pourquoi la loi ne me permettrait-elle pas de vous laisser entre les mains ces deux mille cinq cents francs que vous ne pouvez actuellement me payer, à la charge par vous de m'en servir les intérêts ? Et cependant, il ne me paraît pas douteux qu'une pareille stipulation devrait tomber sous le coup de l'article 1154.

Je veux bien confesser qu'en 1804 rien n'était moins rationnel.

Les prêts pouvaient être consentis à dix pour cent, et même à des conditions plus onéreuses. Or, celui qui prête à cinq pour cent, en stipulant que les intérêts seront payés par semestre, par trimestre et même par mois, fait à son débiteur une situation moins fâcheuse que celui qui prête à dix pour cent d'intérêts payables seulement à l'expiration de l'année. — Mais je n'ai pas à justifier ici l'article 1154, j'ai seulement à en faire l'application.

La même impossibilité va résulter de l'article 1er de la loi du 3 septembre 1807, sur la valeur de laquelle je me suis plus d'une fois expliqué, mais que le jurisconsulte ne peut violer tant qu'elle subsistera, sauf à provoquer, s'il le juge convenable, des réformes législatives. — Cette loi déclare que l'intérêt en matière civile ne peut pas excéder cinq pour cent par an. Or, si vous permettez au prêteur d'exiger 2,500 francs dès le 1er juillet, le débiteur payera plus de cinq pour cent par an. En effet, si le débiteur eût conservé les 2,500 francs entre ses mains et les eût fait fructifier soit dans l'industrie, soit par un placement, toujours dans ce système qui permet l'intérêt de six mois, il eût dù en retirer 62 fr. 50. En somme, c'est donc 50 62 fr. 50 qu'il aura payés à son créancier, ou cinq francs plus un quatre-vingtième pour cent par an. L'intérêt excède donc le taux fixé par la loi de 1807 d'une portion très-minime, je le veux, mais enfin la loi de 1807 est violée, et la stipulation est dans une certaine mesure entachée de nullité.

Et d'ailleurs, si l'on admet, contrairement au texte sainement interprété de l'article 1154, que l'intérêt peut être exigé par semestre, pourquoi ne pourrait-on pas le stipuler payable par trimestre ? Pourquoi même ne serait-il pas payable par mois, comme la centésime romaine ? Une fois sorti des limites que le Code nous a tracées, vous ne sauriez vous arrêter. Et le jour où un prêteur aurait cru devoir stipuler que l'intérêt serait payable chaque semaine ou chaque jour, vous devriez respecter ce pacte et autoriser le prêteur à exercer chaque jour, contre son débiteur en retard, des poursuites pour l'arrérage échu de ce jour-là.

Je regarde donc la convention qui nous occupe comme contraire à la loi (1). La conséquence de ce système, je ne me le dissimule pas, serait de supprimer, comme entachés d'usure ou comme violant l'article 1154, tous les prêts qui seraient consentis pour une période moindre qu'une année. Cette conséquence, je ne la redoute pas ; elle me paraît fatalement résulter de la combinaison de nos textes, et elle suffirait pour établir que notre législation sur l'intérêt est incomplète et demande une réforme. Mais, entre un résultat si bizarre qu'il soit, lorsqu'il s'appuie sur des textes et une solution conforme aux données de la pratique mais qui se heurte de front à une disposition législative, l'hésitation ne me paraît pas possible pour le jurisconsulte. Ce qui résulte de nos observations, c'est que le législateur qui croira devoir modifier la loi de 1807 aura à se demander si l'article 1154 lui-même n'appelle pas une correction.

78. Nous allons, en effet, rencontrer maintenant une des conséquences de la théorie que nous venons de combattre, conséquence que nous avons à l'avance repoussée. Les parties sont convenues que les intérêts seraient payables tous les six mois, et nous supposons qu'aucune contestation ne s'élève sur la validité de cette clause. Le 1er janvier, je vous ai prêté 100,000 francs. Le 1er juillet, 2,500 francs d'intérêts sont échus, mais vous ne pouvez me les payer. Je vous autorise à les garder, mais je stipule que, à compter de ce jour, cette somme produira elle-même des intérêts.

(1) Je suis bien forcé toutefois de reconnaître que l'article 1155, en décidant que les intérêts payés par un tiers au créancier en acquit du débiteur peuvent porter intérêts, quoique dus pour moins d'une année, semble admettre que des intérêts peuvent être payables avant l'expiration du délai d'un an. — L'article 2277 paraît arriver à la même conséquence. — Mais ces arguments, que l'on peut, par voie d'induction, invoquer contre mon système, ne sauraient prévaloir contre des textes qui me semblent formels. — Ils doivent seulement faire désirer plus vivement encore une révision des dispositions qui nous occupent, révision qui aurait pour but de faire disparaître les anomalies que nous avons signalées.

Pour M. Dalloz (1), cette stipulation n'est pas essentiellement contraire à l'article 1154; mais il ne s'ensuit pas qu'elle doive être maintenue dans tous les cas. C'est aux tribunaux à juger si la nouvelle convention n'a eu pour but que d'éviter des frais au débiteur, ou si le créancier a voulu abuser de sa position et extorquer par une voie détournée ce qui n'aurait pu être ouvertement exigé.

Pour M. Duranton, la convention est toujours valable, et rien n'est plus logique. Les intérêts sont exigibles et vous ne me payez pas. Si vous acquittiez votre dette, j'aurais un capital que je pourrais placer aux mains d'un tiers qui m'en payerait l'intérêt. Ma bienveillance envers vous ne doit pas être la source d'un préjudice. Je pourrai vous réclamer des intérêts.

Oui, sans doute, rien n'est plus logique que cette conséquence; mais aussi il est impossible de trouver une plus flagrante violation de l'article 1154. Les intérêts ne doivent produire des intérêts que lorsqu'ils sont dus pour une année entière; ainsi le veut l'article. Or, ici, le débiteur ne doit des intérêts que pour six mois. Donc ces intérêts ne peuvent pas produire intérêt (2). N'est-ce pas une preuve de la fausseté juridique de l'opinion qui permet de stipuler des intérêts pour moins d'une année, puisque la conséquence nécessaire de cette doctrine est la violation évidente d'un texte de loi ?

Ces dispositions, qui n'ont pas de raison d'être, dans lesquelles les inconvénients auxquels l'article 1154 a voulu parer ne se rencontrent pas, devraient disparaître de nos codes. Si les jurisconsultes n'ont pas signalé ces anomalies qui, sous prétexte de favoriser le débiteur, tournent à son détriment, c'est d'abord que la pratique s'est chargée de suppléer à l'insuffisance de la loi, bien plus, de la modifier; c'est qu'aussi toutes ces questions ne se pré-

(1) Répertoire, V^{is}, Prêt à intérêt, n° 142.
(2) Mourlon : Répétitions écrites. Cod. Nap., t. II, 4° édit., p. 526.

sentent pas réunies, et que l'on n'arrive pas aux conséquences extrêmes que nous venons de signaler et qui résultent du conflit de nos textes.

79. Nous venons d'examiner et de suivre dans ses applications les plus importantes la règle posée dans l'article 1154. Pour que les intérêts puissent eux-mêmes produire des intérêts, soit par une demande judiciaire, soit par une convention, il faut qu'ils soient dus au moins pour une année entière.

L'article 1155 apporte quatre exceptions à cette règle : « Néanmoins les revenus échus, tels que fermages, loyers, arrérages de rentes perpétuelles ou viagères, produisent intérêt du jour de la demande ou de la convention. La même règle s'applique aux restitutions de fruits et aux intérêts payés par un tiers au créancier, en acquit du débiteur. »

Examinons rapidement chacune de ces exceptions.

86. La loi nous dit que les fermages ou loyers ne tombent pas sous le coup de l'article 1154, et peuvent devenir générateurs d'intérêts, quoique dus pour moins d'une année. Est-ce bien là une exception ? L'article 1154 a trait aux obligations qui consistent dans le payement d'une somme d'argent, et il prévoit le cas où les intérêts échus des capitaux peuvent produire eux-mêmes des intérêts. Or, ici, il s'agit de loyers de maisons et de fermes et non pas d'intérêts dans le sens spécial du mot. Nous n'étions donc pas dans la règle, et il était inutile de formuler une exception.

Ajoutons qu'à un autre point de vue encore, et par le même motif, l'article 1154 ne pouvait être appliqué. Rien ne s'oppose à ce que les fermages ou loyers soient stipulés payables tous les trois mois ou tous les six mois. Il était dès lors rationnel de permettre qu'à l'échéance ils produisissent des intérêts.

81. L'article 1155 parle en second lieu des restitutions de fruits

que le possesseur de mauvaise foi est obligé de faire au propriétaire. Les intérêts produits ne sont pas des intérêts de capitaux ; ce sont des intérêts produits par des fruits. Nous n'étions donc pas dans la règle, et l'exception était inutile.

Il pourrait se faire cependant que le possesseur de mauvaise foi d'une créance en eût touché les intérêts. Il s'agirait bien alors d'intérêts produits par des intérêts, et, à ce point de vue, la disposition de notre article avait sa raison d'être.

Elle peut se justifier encore par un souvenir historique. Nous avons mentionné déjà la disposition de la loi 15, D., *De Usuris :* « Neque eorum fructuum... qui prius percepti quasi malæ fidei possessori condicuntur usuras præstari oportere, » et nous avons dit que la solution contraire était plus rationnelle et plus conforme aux principes. On comprend donc que les rédacteurs du Code Napoléon aient cru devoir s'expliquer et abroger complétement l'ancienne règle posée par la législation romaine.

82. Quant aux arrérages de rentes perpétuelles ou viagères, très-souvent constituées moyennant une somme d'argent, ils eussent pu tomber sous l'empire de l'article 1154. Le législateur voulant les excepter de la règle, devait s'en expliquer formellement.

Les motifs qui ont déterminé le législateur sont ceux-ci : Pour les rentes perpétuelles, il faut bien reconnaître que la situation du débit rentier est plus favorable que celle d'un débiteur ordinaire. Jamais, si ce n'est dans les hypothèses prévues par l'article 1912, le crédit-rentier ne peut exiger le remboursement, tandis que le débiteur a toujours le droit, au moment où la situation lui paraît favorable, de se libérer du service de la rente en offrant au créancier le capital fixé pour le rachat. Cette position du débit-rentier diffère même à un tel degré de celle d'un débiteur ordinaire. que notre ancien Droit français, empreint d'un rigorisme si outré dans toutes les questions qui touchaient à l'usure, permettait lui-même de percevoir un intérêt de son argent lorsqu'on employait la forme d'une constitution de rente.

L'exception en matière de rente viagère est plus facile encore à justifier. Nous sommes alors en présence d'un contrat aléatoire qui, l'article 1976 du Code Napoléon le déclare, peut être formé au taux qu'il plaît aux parties contractantes de fixer. La loi n'a pas, dans ce cas, les craintes et les préoccupations qui ont inspiré l'article 1154. Celui que le législateur protége, c'est le débiteur malheureux, pressé par les besoins et la misère, et non pas le spéculateur qui se livre à ces opérations pleines de hasard que notre ancien droit qualifiait de *pacta corvina, votum alicujus mortis continentia.*

83. J'arrive enfin à la dernière exception mentionnée par l'article 1155. Elle est plus grave et demande quelques explications. Les intérêts payés par un tiers au créancier, en acquit du débiteur, produisent un intérêt du jour de la demande ou de la convention, encore qu'ils soient dus pour moins d'une année entière. Primus doit à Secundus un capital et des intérêts dont ce dernier ne pourrait réclamer l'intérêt. Je vais trouver Secundus et, en l'acquit de Primus, je paye tout ce qui lui est dû, intérêts et principal. Plus tard, je m'adresse à Primus afin d'obtenir le remboursement de mes avances et je réclame l'intérêt des sommes que j'ai versées pour éteindre, non-seulement le capital, mais encore les intérêts. En un mot, je demande à Primus de payer, à moi, des intérêts d'intérêts, alors qu'il n'en devait pas au créancier par moi désintéressé. La base de cette prétention, c'est que, pour moi, la somme que j'ai payée ne se subdivise pas en principal et intérêts. Le jour où j'ai désintéressé le créancier de Primus, j'ai déboursé un capital. De lui à moi, il n'y a rien de plus, et je peux raisonnablement et équitablement réclamer les intérêts de ce capital tout entier.

La loi semble accueillir dans tous les cas et sans aucune espèce de distinction le raisonnement du tiers intervenant. Un doute peut cependant rester dans les esprits. Rien de mieux, assurément, que d'acquiescer à la demande du tiers, dans le cas où c'est par l'ordre du débiteur que le payement a été fait; mais on peut supposer que le tiers a agi sans l'ordre du débiteur; qu'il est un simple gérant d'affaires, qui, de son propre mouvement et sans avoir reçu aucune mission à cet effet, a payé le créancier. Le débiteur ne pourra-t-il pas légitimement se plaindre? Sa situation a-t-elle pu être aggravée par le fait d'un tiers? Ne peut-il pas dire: Vous avez payé mon créancier; vous avez aujourd'hui tous les droits qu'il aurait pu exercer contre moi; mais vous n'avez que ces droits!

Cette prétention du débiteur sera vraie ou fausse suivant les cas, et c'est ainsi qu'il faut entendre, à mon avis, la disposition de l'article 1155, de façon à ne léser les droits d'aucune des parties intéressées. De deux choses l'une: le tiers, en faisant le payement au nom du débiteur, a-t-il géré utilement l'affaire de celui-ci? Il aura alors l'action de *negotiorum gestorum* et pourra demander le remboursement de toutes ses avances et les intérêts de ces avances. Ou, au contraire, il n'aura pas géré utilement l'affaire, et il n'aura pas plus de droits que le créancier n'en aurait eu; s'il éprouve un préjudice, il devra se l'imputer à lui-même.

Ainsi, le débiteur est à la tête d'un grand crédit, et le créancier ne songe pas à le poursuivre. Un tiers va officieusement offrir au créancier le capital et les intérêts. Puis il s'adresse au débiteur et lui réclame les intérêts de la totalité de son avance. — Le débiteur pourra le repousser et lui dire: Vous n'avez pas fait mon affaire; je vous rembourserai seulement ce que j'aurais dû payer à mon créancier.

Au contraire, le créancier pressait le débiteur qui ne pouvait payer. Des saisies allaient être pratiquées; elles étaient même commencées. Par intérêt pour le débiteur, pour le sauver d'une faillite ou d'une déconfiture, un tiers paye le créancier; il donne du répit au débiteur; puis, quand il vient réclamer les intérêts de la somme totale, il se voit repoussé par le débiteur qui soutient que sa situation a été aggravée. Le tiers sera fondé à répondre : En payant votre créancier, j'ai éteint votre dette ; je vous ai soustrait aux poursuites qui allaient vous atteindre ; j'ai bien géré votre affaire, et, comme tel, j'ai droit à l'action *negotiorum gestorum*. L'ancienne dette a disparu ; c'est une dette nouvelle qui pèse sur vous, et dans la composition de laquelle il n'y a pas à distinguer un principal et des intérêts ; il n'y a plus qu'un capital. Je ne suis pas seulement subrogé aux droits du créancier ; je suis un nouveau créancier, et, aux termes de l'article 2001, je vous réclame des intérêts.

84. Et ceci nous amène à une question voisine qui devra être résolue par une application des mêmes principes.

Le subrogé, dans les termes des articles 1250 et 1251, peut-il, en vertu de la subrogation, exiger les intérêts des intérêts par lui payés au créancier désintéressé ?

Nous avons vu que la loi 12, § 6, D., *Qui potiores in pignore*, lui refusait ce droit, toujours et sans distinction.

Je crois que, dans notre Droit, il faut distinguer, suivant que le créancier subrogé est en présence des autres créanciers hypothécaires, ou seulement en présence du débiteur et des créanciers chirographaires de celui-ci.

Dans ses relations avec le débiteur et les créanciers chirographaires, le subrogé qui pourra soutenir qu'il a été un utile *negotiorum gestor* pourra réclamer l'intérêt des intérêts par lui acquittés.

Mais vis-à-vis des créanciers hypothécaires, le créancier subrogé ne pourra réclamer plus que l'ancien créancier eût pu exiger (1). La subrogation n'est pas pour les créanciers postérieurs la source d'un préjudice ; résultat qui se produirait fatalement si les demandes du nouveau créancier pouvaient être plus considérables

______

(1) Mourlon : Traité des Subrogations personnelles, p. 29.

que les droits do celui qu'il a payé. — Et, d'ailleurs, l'hypothèque de ce dernier ne devait garantir que le capital et les intérêts du capital ; point les intérêts des intérêts. C'est seulement dans cette mesure qu'on primait les créanciers postérieurs. — Donc, le subrogé aux droits et à l'hypothèque du créancier n'est subrogé que pour le capital et les intérêts du capital (1). — Sa créance, pour l'intérêt des intérêts, s'il peut la faire valoir, ne vaudra que comme créance chirographaire.

85. Nous aurions enfin, pour compléter ce sujet, à développer une cinquième exception à l'article 1154, exception admise en matière de commerce par les usages, la doctrine et la jurisprudence. Les sommes portées en compte courant produisent des intérêts qui peuvent être capitalisés aux époques periodiques où s'opère la balance du compte, tous les trois mois ou tous les six mois. Nous nous bornerons à signaler cette exception sans nous expliquer sur sa légitimité et sur les nombreuses difficultés qu'elle devait naturellement susciter en l'absence de toute disposition législative (2). Nous aurions à reprendre chacun des principes que nous avons exposés, chacune des applications que nous en avons faites. Nous aurions à nous prononcer sur les grandes controverses qui dominent la législation commerciale tout entière. — En face de la très-vaste carrière qui nous reste encore à parcourir, on nous permettra d'échapper à cette digression et de nous renfermer exclusivement dans le domaine du Droit civil.

(1) Gauthier : Traité de la Subrogation de personnes, n°ˢ 60 et 184.
(2) Eugène Paignon : Théorie légale des Opérations de banque, p. 161-185, n°ˢ 161-175.

CHAPITRE V

PRESCRIPTION DES INTÉRÊTS.

86. Article 2277. « Les intérêts des sommes prêtées se prescrivent par cinq ans. »

Les anciens avaient déjà compris les menaces de ruine qu'accumule sur la tête d'un débiteur l'agglomération des intérêts. Nous avons rappelé plus haut cette loi romaine qui, à l'imitation de l'antique législation égyptienne, s'opposait à ce que les intérêts pussent dépasser le chiffre de la somme principale, dont ils devaient rester l'accessoire (1).

Sous l'ancien Droit français, une ordonnance de 1510, œuvre du roi Louis XII, soumit à la prescription quinquennale les arrérages de rente qui, jusqu'alors, comme les intérêts, pouvaient atteindre des proportions illimitées. « Plusieurs sont mis à pauvreté et destruction, disait l'ordonnance, pour les grands arrérages que les acheteurs laissent courir sur eux et qui montent souvent plus que le principal (2). Ces motifs s'appliquaient également aux intérêts des sommes prêtées; mais la loi ne parlait que des rentes, et on se garda bien d'étendre sa disposition.

Un homme dont le nom restera à jamais attaché aux grandes tentatives de codification qu'il était donné à notre siècle de réaliser, le chancelier Michel de Marillac, voulut mettre un terme à cette anomalie et, dans l'ordonnance de 1629, il inséra la disposition suivante : « L'interpellation ou demande en justice des

(1) L. 27, § 1; L. 20; L. 30, C., De Usuris. — V. Supra, p. 38.
(2) Ordonnance de juin 1510, art. 71.

intérêts d'une somme principale, ores qu'elle eût été suivie de sentence, ou que lesdits intérêts soient adjugés par sentence ou arrêt, n'acquerra intérêt pour plus de cinq ans, si elle n'est continuée et réitérée (1).

Mais l'œuvre de Marillac tomba avec son auteur. Le 11 novembre 1630, dans cette journée restée fameuse sous le nom populaire de *journée des dupes*, où la fortune de Richelieu subit de si étranges alternatives, Marillac, qui avait eu le tort d'entrer dans la cabale de Marie de Médicis pour hâter la chute du grand ministre, se voyait arrêté à Versailles par les ordres du roi, enfermé dans une prison ; et le chagrin abrégeait ses jours au moment où, sur la place de Grève, sous la hache du bourreau, se courbait la tête de son frère, le maréchal Louis de Marillac, victime comme lui des rancunes de Richelieu, et qui, calme et résigné sur l'échafaud, payait de la peine leur attachement commun à la Reine-Mère.

Les parlements ne pouvaient se dissimuler l'importance de l'œuvre du chancelier. Mais on peut reprocher à ces grands corps judiciaires de n'avoir pas « aidé avec assez d'ardeur à l'unité de la législation (2). » Ils refusèrent l'enregistrement de l'ordonnance de 1629, et le marquis de Châteauneuf, le successeur de Marillac dans la garde des sceaux, et le président de la commission qui avait fait périr Louis de Marillac, était trop dévoué à Richelieu pour vouloir briser la résistance des parlementaires. On s'habitua à laisser dans l'oubli ce grand monument législatif, auquel le ridicule même ne fut pas épargné. Le Code Michaud disparut, et bon nombre des dispositions qu'il cherchait à introduire durent attendre, pendant près de deux siècles, le bouleversement de l'ancienne société, avant de s'établir définitivement dans notre Droit.

Les rédacteurs du Code s'empressèrent de généraliser l'heu-

(1) Ordonnance de janvier 1629, art. 180.
(2) M. Bertauld : Philosophie politique de l'histoire de France, p. 83.

reuse disposition de l'ordonnance de 1510 et de reprendre l'œuvre de Marillac, en assimilant, dans l'article 2277, les intérêts des sommes prêtées aux arrérages de rente.

L'accumulation des intérêts, cette dette qui doit être payée aux dépens du revenu, n'a pas pour le débiteur de moindres dangers que l'anatocisme. En présence d'un créancier négligent qui omet de réclamer à chaque échéance la somme à lui due, qui peut être laissé volontairement sa victime s'endormir dans une trompeuse sécurité, le débiteur ne prend pas sur les fruits ce qui est indispensable pour désintéresser un jour le créancier. Il les consomme entièrement : *Lautius vivit*, et, l'époque venue où il devra remplir ses engagements, où il aura vingt ou trente années d'intérêts à payer, sa ruine sera complète et son patrimoine dévoré. Il était donc du devoir du législateur de se préoccuper d'une situation aussi favorable, de forcer le créancier à exercer plus diligemment ses poursuites, et de préserver le débiteur contre des entraînements auxquels il pouvait succomber.

Il faut cependant reconnaître que, malgré la 'généralité de l'article 2277, malgré ces paroles significatives de M. Bigot Préameneu : « La crainte de la ruine des débiteurs étant admise comme un motif d'abréger le temps ordinaire de la prescription, on ne doit excepter aucun des cas auxquels ce motif s'applique » (1), les tendances de la jurisprudence et celles de la doctrine ont été et sont encore, dans une certaine mesure, opposées à l'extension de la prescription quinquennale. La résistance apportée par les cours et les auteurs tend cependant à disparaître. Pour nous, nous sommes intimement convaincu qu'on n'entrera véritablement dans la pensée des rédacteurs du Code qu'en généralisant, autant qu'il sera possible de le faire, cette prescription éminemment digne de faveur.

On a soutenu notamment que l'article 2277 ne s'appliquait pas

(1) Locré : Législation civile, t. XVI, p. 585.

aux intérêts moratoires et aux intérêts du reliquat d'un compte de tutelle ou de mandat avant l'apurement du compte.

87. Le premier point ne pouvait offrir une difficulté sérieuse. Les intérêts d'une dot sont prescriptibles par cinq ans. Il n'y a pas de valables motifs pour échapper à l'article 2277. Aussi, sur cette question, la controverse n'a pas été de longue durée (1).

Mais on peut se demander si l'article s'appliquera, alors même que la dot a été promise par la femme au mari. J'éprouve ici une grande hésitation. Les motifs de l'article 2277 trouvent leur place dans cette hypothèse, comme dans toutes celles que l'on peut imaginer, et ce serait le cas de se référer au paroles de M. Bigot-Préamencu. — Mais l'article 2253 décide que la prescription ne court pas entre époux. Or, le législateur, qui, dans l'article 2278, a cru devoir apporter une dérogation formelle à la règle écrite dans l'article 2252 pour les mineurs et interdits, et qui permet d'opposer à ceux-ci la prescription quinquennale, n'a rien dit de pareil pour les conjoints. L'article 2252 subsiste donc. — Le législateur a, sans doute, payé tribut à l'ancien adage romain : *Inter conjuges res non sunt amare tractandæ.* « L'union intime qui fait le bonheur des époux est en même temps si nécessaire à l'harmonie de la société, que toute occasion de la troubler est écartée par la loi (2). » Or, « un époux prescrivant contre son propre conjoint, un époux obligé d'agir contre son conjoint pour interrompre une prescription, sont des choses qui répugnent et que la loi ne pouvait certes par permettre (3). » — D'autre part, un autre adage : *Nemo donare præsumitur,* s'oppose à ce qu'on voie dans le silence du mari l'intention de conférer une donation à la femme. — Ajoutons toutefois que, eu égard à la

(1) Pau, 13 février 1861. Moniteur des Tribunaux, 1861, Jurisprudence générale, n° 258.

(2) Locré : Législation civile, t. XVI, p. 570.

(3) Marcadé : De la Prescription, p. 163.

nature même des pouvoirs, qui, le plus souvent, appartiennent au mari, administrateur de l'association conjugale, chargé de percevoir et d'encaisser les produits des biens de la femme, la question que nous venons de soulever ne devra se présenter que rarement.

88. Lorsqu'il s'est agi des intérêts d'un prix de vente, la lutte a été plus vive qu'en matière d'intérêts de la dot, et pendant longtemps une jurisprudence incontestable a décidé que l'article 2277 s'appliquait bien au cas où des intérêts conventionnels avaient été stipulés par les parties, mais non pas à l'hypothèse dans laquelle la loi fait courir les intérêts de plein droit. Cette doctrine s'appuyait sur deux arguments : — 1° Les intérêts sont la représentation des fruits que l'acquéreur perçoit. Or, il serait injuste de permettre à celui-ci de bénéficier tout à la fois des intérêts et des fruits : « Cum re emptor fruatur; æquissimum est cum usuras pretii pendere (1). » — 2° Ces intérêts ne sont pas payables à des époques périodiques et dès lors ne tombent pas sous l'empire de l'article 2277, qui ne s'occupe que des intérêts payables à des termes périodiques (2).

Nous retrouverons bientôt ce second argument et nous espérons établir alors qu'il ne faut pas s'y arrêter. Nous le voyons toujours mis en avant dans toutes les controverses qui nous occupent, et cependant il n'a aucune valeur. — Quant au premier motif invoqué par la thèse que nous repoussons, c'est la reproduction des raisons que nous avons nous-mêmes données pour justifier la disposition de l'article 1652. Mais il ne s'agit plus ici de légitimer l'intérêt légal en matière de vente. Il faut voir seulement si le créancier a été négligent, s'il peut encore invoquer l'ar-

(1) Fœlix et Henrion : Traité des Rentes foncières, n° 214, a., p 447, note 1.

(2) Fœlix et Henrion : Traité des Rentes foncières, n° 214, a., p. 447, note 1.

ticle 1652, et si les motifs de l'article 2277 ne se rencontrent pas.

La faute du créancier est manifeste, et la sollicitude que le lé-gislateur témoigne, en général, au débiteur trouve aisément sa place. Sans doute, les intérêts sont la représentation des fruits. Mais, voyant que vous ne réclamiez rien, oubliant votre droit, le débiteur a consommé tous les fruits de la chose. Ce que le législateur n'a pas voulu, c'est que votre indolence forçât votre acquéreur à prendre sur le capital de sa fortune pour satisfaire votre demande trop morosive ; c'est que, pour vous payer vos intérêts, il fallût « vendre et distraire tous les biens de l'acheteur et faire tomber lui et ses enfants en mendicité et misère (1). » Votre débiteur pourra donc vous opposer l'article 2277. — N'oublions pas d'ailleurs que, dans notre ancien droit, l'ordonnance de 1520 s'occupait des rentes. Or, les rentes étaient souvent constituées comme prix de vente d'un immeuble. Les arrérages étaient alors la représentation des fruits de la chose ; et cependant la loi du 20 août 1792 avait étendu l'ordonnance à cette hypothèse. N'y a-t-il pas complète identité de motifs pour mettre sur la même ligne, au point de vue de la prescription, les arrérages d'une rente foncière et les intérêts du prix de vente d'un immeuble ?

89. J'arrive, sinon à la plus difficile, au moins à la plus célèbre de nos questions. Mais, en présence des remarquables travaux qu'elle a suscités, on nous permettra d'être très-bref pour éviter des redites. L'article 2277 s'applique-t-il aux intérêts moratoires ?

Dans une consultation restée fameuse, M. Ravez soutint, en 1834, que les intérêts moratoires n'étaient pas soumis à la pres-cription quinquennale. Son argumentation était bien simple.

L'ancien Droit ne renfermait aucune disposition analogue à l'article 2277. Le président de Lamoignon nous atteste que l'or-donnance de 1510 n'était pas et ne devait pas être étendue aux

(1) Ordonnance de juin 1510, art. 71.

intérêts moratoires : « On ne peut demander que cinq années, tant des arrérages des rentes constituées à prix d'argent que des intérêts des sommes pour une fois payer, de quelque nature qu'elles soient, s'il n'y a une demande judiciaire suivie de condamnation (1)... » De même le président Favre, qui avait fait admettre par un édit du duc de Savoie la prescription quinquennale, enseignait qu'elle ne s'appliquait pas lorsqu'un jugement était intervenu.

Or, qu'a fait l'article 2277 ? Il n'a modifié l'ancien état de choses que relativement aux intérêts conventionnels. Les intérêts moratoires continuent donc d'être soumis aux principes qui les régissaient sous l'empire de l'ancienne législation. Cette différence entre les intérêts conventionnels et les intérêts moratoires n'est-elle pas d'ailleurs facile à expliquer ? Lorsqu'il s'agit d'intérêts conventionnels, le créancier n'a pas fait de diligences contre son débiteur et il est en faute. Au contraire, en matière d'intérêts moratoires, la mise en demeure, et même, si on le veut, l'obtention d'un jugement, prouvent suffisamment que le créancier n'a pas été négligent.

On invoque enfin un argument que nous avons déjà signalé. La loi soumet à la prescription de cinq ans tout ce qui est payable par année, ou à des termes périodiques plus courts. Or, les intérêts moratoires ne sont pas dus par année ou par termes plus courts ; ils sont toujours exigibles. Ils ne tombent donc pas sous l'article 2277.

Ainsi donc, histoire, raison, texte de l'article, tout est réuni pour repousser l'extension de l'article 2277 aux intérêts moratoires.

(1) Recueil des Arrêtés de Lamoignon, t. XXIX, n° 4. — Edit de 1777, t. I, p. 169. — Le président ajoute : « ..... Et ne sera la prescription de cinq années interrompue par un simple exploit de commandement; » probablement : à cause de la facilité des sergents, qui font hardiment et sans scrupule tels exploits et antidotes que l'on désire. C'est pourquoi il semblerait à propos de renouveler l'ordre et de prescrire des solennités particulières pour les exploits de cette qualité. » (T. II, p. 209.)

Cette argumentation, dont nous ne donnons qu'une analyse bien tronquée et bien imparfaite, était admirablement développée par l'auteur. Mais elle n'a rallié cependant qu'un petit nombre de partisans, et les derniers commentateurs de notre Code, M. Troplong (1) et M. Marcadé (2), la combattent énergiquement. — Mon intention n'est pas de reproduire, en les affaiblissant, les remarquables dissertations de ces éminents jurisconsultes, et je voudrais pouvoir m'y référer simplement. Je dois, toutefois, répondre sommairement aux arguments de M. Ravez.

Nous avons vu que l'ordonnance de 1510 avait restreint la prescription quinquennale aux arrérages de rentes, et que l'article 150 de l'ordonnance de 1629 avait généralisé cette disposition : « L'interpellation ou demande en justice des intérêts d'une somme principale, ores qu'elle eût été suivie de sentence, ou que lesdits intérêts soient adjugés par sentence ou arrêt, n'acquerra intérêts pour plus de cinq ans, si elle n'est continuée ou réitérée. » — Sans doute, l'ancien droit n'appliqua pas cet article 150. Mais l'intention des rédacteurs de notre Code fut précisément de réparer l'erreur des anciens parlements et de remettre en vigueur, dans toute sa généralité, la règle posée par le Code Michaud. On ne saurait en douter en présence des paroles de M. Bigot-Préameneu, qui éclairent toutes ces questions : « La crainte de la ruine des débiteurs étant admise comme un motif d'abréger le temps ordinaire de la prescription, on ne doit excepter aucun des cas auxquels ce motif s'applique. » Or, les dangers de l'accumulation des intérêts moratoires sont-ils donc moins considérables que ceux qui peuvent résulter de l'agglomération des intérêts légaux ou conventionnels ? La négative me paraît empreinte de ce caractère d'évidence qui ne comporte pas la discussion. L'intention du législateur est donc manifeste, et, si l'on peut adresser

(1) Commentaire de la Prescription, n°ˢ 1013 à 1022.
(2) Commentaire de la Prescription, art. 2277, 4°, p. 226-232.

un reproche au rédacteur de l'article, c'est d'avoir négligé de reproduire la sage énumération de Michel de Marillac, pour employer la formule ambiguë et concise à laquelle ils s'est arrêté.

Quant à l'opinion de Lamoignon, elle n'a que la valeur d'une opinion individuelle, et peut-être n'est-elle pas entièrement dégagée de cet esprit d'opposition et de résistance à l'œuvre de 1629, traditionnel dans la haute compagnie qu'il présidait. — Pour ce qui est du témoignage de Favre, il ne fait que redire pour la Savoie ce que tous les arrêtistes des parlements déclaraient à l'envi, à savoir que, presque nulle part, dans l'ancienne jurisprudence, la prescription quinquennale ne s'appliquait aux intérêts. M. Ravez s'est laissé influencer par les souvenirs du Parlement de Bordeaux, qui, plus rigoureux que tous ses rivaux des pays de droit écrit, décidait que : « Les intérêts adjugés par sentence ou arrêt durent autant que l'exécution de ce jugement, et ne peuvent être éteints qu'avec le principal par la prescription ; qu'ainsi ils peuvent excéder ce même principal (1), » alors que les autres parlements du Midi, tout en repoussant le Code Michaud, ne voulaient pas que les intérêts dus *ex officio judicis* pussent excéder le double du principal. Le savant jurisconsulte n'a pas tenu assez de compte des idées nouvelles et des projets de réforme attestés par les travaux préparatoires.

Écartons donc les considérations historiques et voyons si la thèse de M. Ravez offre plus de solidité sur le terrain même de notre article 2277. A n'entendre que l'éminent avocat bordelais, ni le texte, ni les motifs du texte ne seraient applicables aux intérêts moratoires.

Je veux bien convenir que l'article 2277 n'est pas rédigé avec toute la correction désirable ; et, si on le prenait à la lettre, on arriverait à des résultats que personne ne voudrait accepter. La loi déclare sujet à la prescription de cinq ans tout ce qui est

______

(1) Lecamus d'Houlouve : Traité des Intérêts, p. 321. 1.d. 1771.

payable par année ! — Je vous prête cent mille francs remboursables par fractions annuelles de dix mille fancs. Dira-t-on qu'à l'expiration du délai de dix ans, si j'ai toujours gardé le silence, je ne pourrai plus exiger de vous que cinquante mille francs ? Nul n'oserait le soutenir, et cependant le texte est formel. C'est donc qu'il ne faut pas se borner à consulter les termes de la loi, et qu'il faut encore s'enquérir de son esprit.

Mais est-il exact même de soutenir que les intérêts moratoires ne sont pas payables à des époques périodiques ? Lorsque le créancier viendra réclamer sa créance et les accessoires, ne procéderat-on pas à la liquidation en calculant les intérêts par année (1) ? Ne sera-ce pas là le terme périodique qui sera pris pour base des opérations, et ne se retrouvera-t-on pas sous l'empire de l'article 2277 ? Si vous ne calculez les intérêts pour des époques périodiques, l'année ou des fractions d'année, je me demande comment vous procéderez pour arriver à la reddition de vos comptes.

On pourrait donc, sans faire trop de violence à la lettre même de la loi, appliquer l'article 2277. Mais ce qu'il faut surtout envisager, c'est la pensée du texte, et l'on ne peut hésiter à dire qu'elle est contraire à l'opinion de M. Ravez.

Et les motifs du texte ? Nous les avons déjà indiqués. Mais M. Ravez prétend qu'ils ne sont pas applicables : 1° parce que la prescription est faite pour punir le créancier négligent, et qu'on ne peut adresser de reproches à celui qui a exercé des poursuites et obtenu un jugement; — 2° parce que, le jugement étant une interpellation continuelle adressée au débiteur d'avoir à remplir ses engagements, toute prescription est impossible. — A ces deux raisons, j'apporte deux réponses :

1° Sans doute, le créancier, à une certaine époque, il y a dix

____

(1) Sous l'empire de l'Ordonnance d'Orléans, ces intérêts étaient considérés comme annuels. Voyez *supra*, n° 10, p. 96.

ans, vingt ans peut-être, a donné des preuves d'activité. Mais, depuis, qu'a-t-il fait ? Il a été négligent et tout aussi répréhensible que le créancier conventionnel, qui, après avoir cherché un placement et l'avoir trouvé, reste, pendant dix ou vingt ans, sans agir contre son débiteur. La situation est identiquement la même. Dans les deux cas, la loi doit punir la négligence du créancier, et, selon l'expression d'un vieil auteur, c'est en haine de cette négligence qu'elle le forclôt.

2° Sans doute encore, « actiones semel inclusæ judicio salvæ permanent. » La prescription ne court pas pendant l'instance. Mais s'il est vrai de dire, avec M. Ravez, que le jugement une fois rendu est une interpellation continuelle, je le demande, à quelle époque pourra-t-on prescrire sa libération, lorsqu'on aura été condamné par une sentence judiciaire ?

Je crois donc fermement, pour ma part, que l'article 2277 s'applique aux intérêts moratoires

90. J'aborde enfin l'examen de la quatrième difficulté, la plus délicate assurément, et sur laquelle j'éprouve encore quelque perplexité. — L'article 2277 s'applique-t-il aux intérêts des sommes dues par compte courant, compte de tutelle ou de mandat, lorsqu'il s'agit d'intérêts courus depuis la cessation de ces comptes jusqu'à la demande en reddition ? — Par exemple : Primus était tuteur de Secundus, et la tutelle a pris fin en 1851. Le compte de tutelle n'a pas été immédiatement apuré et l'on n'a pas fixé les sommes dont Primus était reliquataire. Ce n'est qu'en 1861 que Secundus intente, contre son ex-tuteur, une action qui a pour résultat de condamner Primus à remettre à Secundus la somme de cent mille francs dont il était comptable, à raison de la tutelle, plus les intérêts de cette somme. Secundus sera-t-il en droit d'exiger les intérêts des dix années écoulées de 1851 à 1861 ?

Tous les auteurs, à l'exception d'un seul, et tous les arrêts n'hésitent pas à résoudre cette question par l'affirmative, et c'est à peine si quelques-uns croient devoir motiver leur solution (1). On invoque en ce sens l'adage : « Contrà non valentem agere non currit præscriptio. » Jusqu'au règlement intervenu en 1861, on ne savait qui était créancier, ni qui était débiteur ; et, dès lors, aucune des deux parties ne pouvait réclamer à l'autre des intérêts ; et on reproduit cet argument que nous avons déjà plusieurs fois rencontré : l'article 2277 s'applique aux intérêts payables à des termes périodiques. Or, tels ne sont pas les intérêts dus pour le reliquat d'un compte de tutelle.

Cette doctrine, si généralement admise, a été récemment attaquée par M. Charles Ballot, à l'opinion duquel je crois devoir me rallier (2). — Je ne répondrai pas au second argument, invoqué en faveur de la thèse adverse. Je crois avoir suffisamment démontré la généralité de l'article 2277, et je pourrais, sur ce point, appeler à mon aide MM. Troplong, Marcadé et Mourlon.

Reste donc la maxime : « Contrà non valentem agere, non currit præscriptio. » — M. Troplong a dit quelque part qu'il faut bien se garder de prendre tous les brocards à la lettre, que presque tous visent à frapper l'esprit par un tour original, sans trop s'inquiéter si les mots ne dépassent pas le but (3). Ces paroles trouveraient leur application dans notre espèce. La prescription court contre le dément non interdit que personne ne représente, tandis qu'elle est suspendue lorsqu'elle pourrait atteindre le mineur et l'interdit, sur les intérêts desquels tout un ensemble de fonctionnaires est chargé de veiller. N'exagérons donc pas la portée des mots. — Le mineur, devenu majeur, n'avait-il pas d'ailleurs la possibilité d'agir ? Le créancier a fait preuve de négligence ; il pouvait actionner son tuteur et réclamer les intérêts comme le capital. La créance n'était pas liquide, je le veux,

(1) M. Troplong, n°s 1027-1029. — M. Marcadé, p. 233. — M. Mourlon, 3ᵉ examen, 4ᵉ édit., p. 744. — Douai, 22 avril 1857. (D. P., 58, 2, 32.)

(2) Revue pratique, t. 1ᵉʳ, 1856, p. 112 et suiv.

(3) Commentaire du Mandat, préface, p. 6.

mais il pouvait la faire liquider. Et d'ailleurs, le défaut de règlement d'une créance ne fait pas obstacle au cours de la prescription. La preuve en est que, si le mineur laissait écouler trente ans depuis le jour où l'action s'est ouverte (1) sans la mettre en mouvement, son droit serait complétement éteint. Or, si la maxime était applicable à notre sujet, c'est surtout lorsqu'il s'agit de préserver le principal qu'on pourrait l'invoquer. — Et qu'on ne dise pas que c'est l'action en reddition de compte qui serait alors prescrite et non pas la créance. Le même raisonnement s'appliquerait aux intérêts, et, de plus, au point de vue de la prescription, il est bien difficile de distinguer quant au résultat final entre la créance et l'action.

Ajoutons que le système de M. Troplong aurait pour résultat de traiter plus défavorablement le créancier qui aura fait preuve d'activité que celui qui serait resté dans une complète inertie. Si le mineur, devenu majeur, avait fait liquider immédiatement sa créance, et était resté dix ans sans réclamer des intérêts, incontestablement on pourrait repousser sa demande par l'article 2277, tandis que le mineur qui n'a rien fait pourrait réclamer dix années d'intérêt.

Sans doute, pendant la durée des opérations du compte, la prescription ne courra pas; et il en sera de même si un long procès s'engage à l'occasion de la reddition du compte. Alors, il n'y a pas négligence du créancier. Mais, dès que celui-ci est en faute, la loi vient au secours du débiteur en prononçant sa libération.

91. Ainsi donc, et c'est la conclusion qui ressort nécessairement des explications dans lesquelles je viens d'entrer sur les quatre questions qui précèdent, partout où nous trouverons réunis la négligence du créancier et des périls de ruine pour le débiteur,

---

(1) M. Demolombe dirait dix ans. Pour éviter toute controverse, et sans qu'il soit besoin de me prononcer sur la difficulté, je prends une époque où, de l'aveu de tous, la prescription serait accomplie. (Demolombe, t. VIII, n° 157.)

nous appliquerons l'article 2277. Nous soumettrions donc à la prescription quinquennale les intérêts des sommes sujettes à rapport (1) et les intérêts auxquels est tenu, à dater de la perception, celui qui a reçu de mauvaise foi un payement auquel il n'avait pas droit (2).

92. Mais aussi, lorsque ces deux circonstances ne se rencontrent pas, l'article 2277 devra être écarté. — Nous avons admis qu'on pouvait valablement stipuler, au moment de la formation d'un contrat de prêt, que les intérêts ne seraient payables qu'avec le capital, remboursable dans vingt ans (1). Le créancier, à l'expiration des vingt années, pourra réclamer les vingt années d'intérêts : solution que nous regrettons, mais qui est parfaitement juridique.

Supposons, toutefois, que le créancier a gardé le silence pendant vingt-cinq ans. Il se ravise alors et réclame les intérêts de vingt-cinq années. Ici, nous retrouvons notre article. Vous, créancier, vous deviez agir il y a cinq ans, et réclamer une certaine somme pour intérêts. Vous avez laissé sommeiller votre droit pendant cinq ans. Il est prescrit et vous ne pouvez réclamer que la prestation exigible à l'expiration de chacune des cinq dernières années. Cette solution me parait incontestable.

93. Je suspendrais encore l'application de l'article 2277 dans l'hypothèse suivante : Primus est exproprié et un ordre est ouvert, en 1851, sur le prix d'un de ses immeubles. Mais le règlement porte que le prix doit rester entre les mains de l'adjudicataire, affecté au service d'une rente viagère hypothéquée sur l'immeuble

---

(1) Art. 856, Bastia, 5 novembre 1844. (Pal. 46, 1, 419.) — Contra Troplong, n° 1032.

(2) Art. 1378. — Contra, Troplong, n° 1030. — Paris, 25 novembre 1856. (D. P., 58, 1, 117.) — Metz, 29 mars 1859. (Pal. 59, 662.)

(3) Voir Supra, n° 5, p. 88 à 90.

saisi ; et qu'à l'extinction de cette rente, le prix sera payé à Secundus, Tertius et Quartus, créanciers hypothécaires colloqués à des dates successives. — En 1861, la rente viagère s'éteint, et Secundus réclame le payement du capital de la dette et des dix années d'intérêts courus de 1851 à 1861. Quartus conteste cette collocation, et soutient que Secundus ne peut réclamer que les cinq dernières années.

Le tribunal de la Seine, par un jugement du 1er février 1861, vient d'accueillir les prétentions de Secundus (1). Mais sa décision est attaquée par M. Chenal, comme violant outrageusement le texte et la pensée de la loi (2).

Pour toute réponse, je crois qu'il suffit d'analyser la décision du tribunal : La prescription n'est que la peine de la négligence du créancier, et ne peut être invoquée contre celui qui n'a pu agir. Or, les intérêts ainsi que le capital de la créance de Secundus ne pouvaient être exigés qu'à l'époque de l'extinction de la rente viagère. La partie du prix pour laquelle Secundus avait été colloqué était, en quelque sorte, devenue sa propriété. Pour la conserver, il n'avait pas besoin d'exercer de diligences contre Primus. Il n'avait à agir que contre l'acquéreur, mais seulement à l'expiration du terme fixé. Mais, jusqu'à l'extinction de la rente viagère, à quoi bon des interpellations adressées à cet acquéreur qui ne peut pas et ne doit pas se libérer? A quoi bon, chaque année, le mettre en demeure de se libérer? Quelle serait l'utilité de ces sommations, qui n'auraient pour résultat que d'augmenter les frais et diminuer encore le gage des créanciers postérieurs ? Il n'y a donc pas négligence du créancier. On ne saurait craindre davantage de ruiner le débiteur direct ou l'acheteur. Le préjudice portera uniquement sur les créanciers qui viennent en seconde ligne et dont les prévisions seront peut-être trompées. Mais n'est-ce pas

(1) Revue pratique, 1861, t. XI, p. 432.
(2) Revue pratique, loc. cit. et 1860, t. X, p. 194.

là l'effet habituel de l'hypothèque, de permettre aux uns de se faire payer au détriment des autres ? J'adopte donc pleinement la solution du tribunal (1).

94. La prescription quinquennale n'est opposable que par le débiteur ; elle ne pourrait être invoquée par celui qui, ayant touché ces intérêts pour le créancier, serait appelé à en rendre compte. Les sommes versées entre ses mains ont perdu le caractère d'intérêts pour revêtir celui de capitaux dont il est constitué débiteur envers le créancier, et, à l'action de celui-ci, il ne peut opposer que la prescription trentenaire (2).

95. Le même motif devra faire décider que si un mandataire a payé des intérêts pour le compte de son mandant, son recours contre le mandant ne se prescrira que par l'expiration du délai de trente années. Il en serait de même de la créance du gérant d'affaires qui, en payant le créancier, aura fait un acte utile au débiteur, et pourra se prévaloir de l'*actio negotiorum gestorum*.

96. L'article 2277 ne reposant pas sur une présomption de payement, mais sur des considérations d'ordre public, la prescription quinquennale ne peut être combattue ni par l'aveu ni par le serment, et le débiteur serait fondé à s'en prévaloir, tout en reconnaissant qu'il n'a pas payé. Aussi ne doit-on pas s'étonner que le législateur, en édictant pour les petites prescriptions l'article 2275, n'ait pas cru devoir étendre sa disposition à la prescription spéciale que nous venons d'étudier (3).

Nous avons exposé les principes qui régissent la formation et l'extinction des intérêts. Nous pourrions traiter maintenant de leur conservation et de leur distribution. Mais l'examen de ces

---

(1) Voir M. Troplong : Commentaire de la Prescription, n° 1010.
(2) Cf. L. 29, D., De Usuris. — Metz, 17 août 1858. (D. P., 59, 2. 130.
(3) M. Troplong, n°s 1035 et 1036. — M. Marcadé, p. 233.

questions nous forcerait nécessairement à pénétrer, plus avant que nous ne le voudrions, dans les controverses hypothécaires et dans les difficultés que suscitent nos lois sur les ordres. Nous arrêterons donc ici cette étude.

Dans le cours de notre travail, nous nous sommes quelquefois écarté des solutions généralement admises : nous avons cru devoir, dans l'intérêt même de la vérité, quelle qu'elle soit, signaler les doutes qui s'élevaient dans notre esprit. Mais nous n'avons jamais perdu de vue ces paroles incisives que le fougueux rival de Cujas, François Duaren, adressait aux novateurs du xvie siècle : « Commentis venitatem obruunt, quo aliquid paulo argutius nec ab aliis ante excogitatum in medium adduxisse videantur! » Puissent-elles nous avoir préservé de toute erreur!

Notre conclusion sera celle de tous ceux qui, aujourd'hui, se préoccupent de notre législation sur la propriété immobilière : « Le mouvement industriel et commercial, favorisé par quarante années de paix, en décuplant les capitaux mobiliers, a bientôt rendu manifestes toutes les défectuosités et l'insuffisance de nos codes, qui se sont trouvés ainsi débordés par le flot toujours montant de nouveaux éléments de la fortune publique et privée (1). » — Espérons qu'un jour viendra où, la révolution économique étant accomplie, nos législateurs, éclairés par l'expérience, ne craindront plus de reprendre l'œuvre de nos pères, et de faire disparaître ces contradictions et ces obscurités que nous avons cru rencontrer dans l'œuvre, déjà si admirable, d'ailleurs, des rédacteurs du Code Napoléon !

(1) Rapport de M. Benech à l'Académie de législation de Toulouse, Recueil de l'Académie, t. I, p. 81 et suiv.

III. — La visite sur mer peut-elle avoir lieu : 1° à l'égard d'un vaisseau qui arbore un pavillon militaire d'une nation amie ; 2° à l'égard de navires marchands, naviguant sous le convoi d'une puissance amie ?

Vu par le Président de la thèse,
G. DEMANTE.

Vu par le Doyen,
G. COLMET-DAAGE.

Vu et permis d'imprimer :
Le Vice-Recteur de l'Académie de Paris.
A. MOURIER.

Paris. — Imprimerie Walder, rue de l'Abbaye, 22

Documents manquants (pages, cahiers...)
NF Z 43-120-13